やきとりと日本人

屋台から星付きまで

土田美登世

光文社新書

やきとりと日本人――目　次

序　章　7

本書に登場するやきとり、とり料理に関する出来事の年表　13

第一章　やきとりの歴史学……15

神話に登場した鶏／野鳥ジビエの時代／江戸時代に食べられたとり／ジビエのやきとり登場／うなぎの蒲焼きとやきとりの関係／江戸時代の卵ブーム／「とり鍋」の登場

第二章　明治の鶏食文化学……41

鶏肉も明治維新!?／花街と鶏料理／臓物の蒲焼き／やきとり屋台の出現／やきとり＝牛や豚の臓物?／やきとりとやきとんの関係／もつの隆盛／鶏肉販売の広が

り

第三章　昭和のやきとり老舗学……63

文学の香り漂う戦前のやきとり／鶏肉のみのやきとり屋の老舗「さくら家」／やきとりのステイタスを一気に高めた「伊勢廣」／戦後のヤミ市とやきとり／新橋のふたつのビル／今の新橋のやきとり事情／新宿西口、思い出横丁／渋谷のやきとりノスタルジー／渋谷マークシティの周辺／今も残る野鳥焼き／有楽町ガード下考／戦後の銀座と「武ちゃん」／「鳥政」に見る銀座屋台の日常の粋／「鳥繁」の銀座らしさ

第四章　やきとり社会学……107

ブロイラーが生んだ第一次やきとりブーム／地鶏、銘柄鶏の登場／地鶏で第二次やきとりブーム／ブレス鶏とフランス人とやきとり／ホロホロ鳥のやきとり／ミシュランとやきとり／再び、やきとん・もつ焼きブームも／〃売れる〃やきとりのスタンダードを識《し》る／一般的な低価格やきとり事情／個性派の登場――第三次やきとりブーム

第五章　やきとり名店学 …… 137
六本木「鳥長」が挑んだ粋な店づくり／デートに使われた中目黒「鳥よし」／銀座「バードランド」〝シェフ〟の存在感／白金「酉玉」が火付け役、鶏のもつブーム／フレンチシェフのやきとり屋の元祖「萬鳥 Marunouchi」／豚もつでも「鳥」の文字。その意味を伝え続ける「鳥茂」／大阪で時代をつくったふたつの名店――「二和鳥」「あやむ屋」／ハレのやきとり「鳥しき」が大切にする客との〝間〟

第六章　やきとりご当地学 …… 162
ご当地やきとりの存在感／今治と室蘭のやきとり日本一バトル／もつミックスの美唄やきとり／地鶏・銘柄鶏をごく普通に味わう――福島市と長門市／東松山の豚のカシラ肉やきとり／久留米に見る風土と屋台とやきとりと／8大目になりうる？　寒河江、上田

第七章　やきとりこだわり学 …… 184
備長炭はウバメガシ／焼き台の作り方／継ぎ足しのたれ／つくねの主張／肉の鮮度と熟成の加減／食鳥処理衛生管理者資格について／酒とワインとやきとりと

第八章　やきとり調理科学 …… 209
成育日数の影響力／日本で売れないむね肉／鶏肉と冷凍／鶏肉という筋肉を整える／備長炭で焼く意味／たれ焼きの甘い香り

第九章　肉用鶏学 …… 222
肉用鶏の祖先／時代によって変わっていった鶏肉の流通／若鶏には若鶏の、親鶏には親鶏の味わい／ブロイラーブームの反動／ややこしい地鶏の定義／やきとりに使われる地鶏例／さらにややこしい「銘柄鶏」の定義

おわりに　246

主な参考文献（順不同）　251

やきとり部位名一覧　258

本書に掲載のやきとり屋索引（もつ焼き屋も含む）　262

序　章

やきとり屋には煙とおじさんがつきものだし、やきとりにはビールに焼酎、コップ酒だと思っていた。しかし、あるやきとり屋に入ったら、カウンターに座る男女の客ほぼ全員の前にワインが置いてあった。ワインを片手にやきとりをほおばる。まるでワインとやきとりのマリアージュを楽しむ特別な会のようだった。いや、あれは何かの会だったのかもと思っていたが、その後何度もそういうシーンに遭遇したので、やきとりにワインというスタイルはもう定着したのだろう。当然、煙なんてない。

やきとり屋におけるワインの普及率はここ数年でかなりアップした。併せて間接照明率とBGMのジャズ率もアップした。スペースもゆったりしているし、いつの間にか、おしゃれなやきとり屋が増えていた。

あえて時代で切るならば、平成に入るまでほとんどのやきとり屋は完全におじさんたちの聖地だった。黒やねずみ色のスーツを着たおじさんたちがモウモウと立つ煙のなかで、背中を丸め、口をイーの形にして串をすべらせ、ビールやコップ酒をあおっていた。一杯飲み屋でグイ飲みとやきとりというのもおじさんの世界だ。

そこにいつの間にか女性たちが進出し、彼女たちはオヤジギャルと称された。しかしやきとり屋界では、ギャルがオヤジ化するよりも店のほうが早く女性たちに寄り添うようになったと思う。女性客を意識していなくても、時代が求める姿を追ったら結果的に女性が行きやすい店が増えたということだろう。

モウモウの煙はいつの日か消え、店はきれいになった。レストランが食材にこだわるように、地鶏や銘柄鶏を串にさして焼き始めた。さらに野菜焼きが加わってヘルシーとなり、サラダやパテといった一品料理がメニューとして登場するようになった。横にはやっぱりワインかな。こうなると居酒屋というよりバルという言葉が似合う。やきとりのコースも一般的になった。

やがてフランスから真っ赤なグルメ評価本『ミシュランガイド東京』が星とともに上陸した。日本料理はもちろん、各国の料理あり、専門店ありといったバラエティ豊かな東京の食をいったいどう評価するのだろうかと話題になったが、初上陸の年からすし屋が三つ星をとり、3年後にはやきとり屋にも星付きが登場した。

そして気がつけば、やきとり屋のなんと多様なことか。昭和のおじさんスタイルも消えることなく、ちゃんと残っている。なんとか横丁の赤ちょうちん、一杯飲み屋的なやきとり屋も連日にぎわっているし、そうした店は外国人客にも「クールジャパン」として人気だ。

おしゃれなやきとり屋、こだわりのやきとり屋――。このこだわりが、鶏の種類だったり、おいてある酒の種類だったり、個性的な一品料理だったり。それぞれのスタイルが混在して、客のニーズによって使い分けられている。最近では地方独自に花咲いたご当地やきとりにもスポットが当たっている。

ふと思う。こんなに多様化しているとはいえ、やきとり屋とは本来、串にさした肉を焼いて提供するだけの店である。こんなシンプルなものを多様化させていけるのは、シンプルの向こうに潜む奥深さを見つけ出す日本人気質なのではなかろうかと。だから日本には天ぷら、うなぎ、そばなど専門店が多い。

そういえば、すしとやきとりも似ている。

屋台からダイニングまで、オヤジから女性客まで、サラリーマンの集いからデート使いまで、さまざまな客層と店舗スタイルの存在、コースの登場、そして、屋台からスタートしながら『ミシュランガイド』に注目されるようになった歴史的ストーリーも重なる。ともにシンプルな構造ながら、日本が世界にさらに発信できるひとつの「料理」であり、ある調査では、やきとりはすでにすしを超えて、外国人が好きな日本食の一位に輝いたともいわれている。

鶏肉を串にさして焼く。この、たった10文字の調理法に集約されるやきとりが、日本を代表する料理のひとつになったのはなぜか？

探ってみると、そこに秘められたストーリーは深く、アカデミックなオーラを発するものであった。

第一～四章では、やきとり誕生の歴史をたどっている。実はこれが難関だった。やきとりにはガイドブックや技術本はあるが、その歴史をまとめた資料はほとんどなかったからだ。いや、歴史というにはもっと近い、ここ50年くらいの動きについての資料もあまり見当たらない。そこで、やきとり屋や鶏卸業者の証言をひろい、畜産史や食に関する随筆などで裏付けながらつなげていった。はるか昔の歴史に関しては、やきとり、つまり「焼いたとり」という視点から日本人と鶏、食鳥についてまとめた。

お上が作る歴史の史料に、庶民の食文化であるやきとりの記述がほとんどないのは当然である。だから、当時の庶民だったらどうしただろう、という想像力を働かせながら整理した。また、歴史をたどると、やきとりとはかならずしも鶏肉を串にさして焼いた料理ではないことがわかる。そもそも広辞苑にも「鳥肉に、たれ・塩などをつけてあぶり焼いたもの。牛・豚などの臓物を串焼にしたものにもいう」と記されている。実際、多くの資料や証言から、やきとりとは野鳥を焼いたものであったり、時代によっては牛もつや豚もつを焼いたものであることがわかっている。

そして、戦後から平成にかけて、やきとりは多様化していく。庶民の味ながら、というか庶民の味ゆえに、レストラン業界と同じように、バブル、バブル崩壊、女性進出、ワインブーム、リーマンショック、ご当地グルメなどといった時代を象徴するキーワードに大きく影響されている。やきとり界が大きく動くのは、ブロイラーの登場、そして地鶏・銘柄鶏の登場によってである。第四章では、それらをターニングポイントとして、第一次から第三次までのブームという形でやきとり界の動きを整理した。

やきとりの歴史をたどりつつ、第三章以降では、いくつかの切り口で多くの老舗《しにせ》、名店を紹介している。第三章では老舗、第五章では独断で選んだスタイルを持った名店、第六章では全国のご当地やきとり、第七章では、炭やたれ、肉の熟成、鶏の処理方法、お酒など、さまざまなこだわりのある店を取り上げた。なかには何度も登場する店もある。結果的に、本書には70軒以上のやきとり屋が登場し、ガイドブックとしても使える内容となった。

個人的に、やきとり屋では焼き台が見える位置に座るのが大好きだ。やきとりが焼けていくジージーという音、香ばしい匂いを感じつつ、おいしそうに焼けて色が変わっていく様子は見ていて飽きない。焼き台の上にたくさん並んだ串のなかの一本に目をつけ、その一本が目の前の皿に置かれると「ようこそいらっしゃいました」と声をかけたいくらい愛おしくなる。肉に育ち、切られ、串にさされ、焼かれ、味つけされた、その一本が目の前に。この過程をもっと知りたくて、鶏学や調理科学の章も立てた（第八、九章）。

レストラン紹介サイト「食べログ」で全国の「やきとり」を検索すると3万7000軒以上もある。やきとりの検索ではヒットしない店にもやきとりはあるだろうし、コンビニにもスーパーにもデパ地下にもサービスエリアにもやきとりはある。やきとりはあって当たり前。しかも、仕込みに時間をかけているのに、食べるのはほんの一瞬というはかなさ。

そんな空気のような存在のやきとりが持つ、実は大きなストーリーが少しでも伝わればいいと願っている。

本書に登場するやきとり、とり料理に関する出来事の年表

大まかな状況	時代区分	年代	とり・鶏に関する記録・記述
		紀元前6000年以上前	鶏が飼われるようになる
		紀元前1000年以上前	中国で鶏が飼われていた記録あり
とりといえば野鳥（ジビエ）		675年	「肉食禁止令」。牛・馬・犬・猿・鶏を食べることを禁止
	奈良（710年〜）	712年	『古事記』に日本で最初の鶏の記載
		720年	『日本書紀』の闘鶏の記載
			『万葉集』に鷹狩の描写
	平安（794年〜）		『平家物語』に闘鶏の描写
	鎌倉（1185年〜）		『徒然草』にキジの記述
			『厨事類記』にキジなど野鳥料理の紹介
	室町（1336年〜）		『四条流包丁書』に三鳥（野鳥）五魚のさばき方の記述
		1528年	武士の心得帳『宗五大艸紙』に「焼鳥」の表現
鶏肉料理が少しずつ登場	江戸（1603年〜）	1643年	『料理物語』で鶏肉の料理法紹介。「やきとり」の文字も
		1674年	『江戸料理集』に鶏肉を食べた記録
		1688〜1704年あたり	紀州備長炭の完成
		1689年	『合類日用料理抄』に串にさしたやきとりの記述
鶏卵ブーム			『魚鳥野菜乾物時節記』に鶏卵の記述
		1716〜1745年、吉宗	養鶏が盛んになったという記録あり

		の治世	
		１７６０年	しゃも料理店「玉鐵」開店（のちの人形町「玉ひで」）
		１７８５年	『万宝料理秘密箱』で野鳥料理とともに約１００種の卵料理を紹介
しゃも鍋が人気			『守貞謾稿』にゆで卵売り、かしわ鍋の描写
とり鍋が人気			『日本幽囚記』に「日本人は卵好き」とロシア人の記述
	明治	１８７１年	肉食解禁
	（１８６８年〜）	１８９３年	『最暗黒の東京』にもつのやきとりの描写
		１９０４年	『實業の栞』に屋台のやきとりの描写
洋食が人気	大正		洋食店がブーム。チキンライスなども人気
	（１９１２年〜）	１９２３年	関東大震災
			露店で牛や豚のもつ登場。もつ煮込み店の登場
とりといえば野鳥、鶏肉	昭和		養鶏奨励
	（１９２６年〜）	１９４５年	東京大空襲
			露店、ヤミ市で牛や豚のもつ登場
		１９５１年	ＧＨＱによるヤミ市の撤廃命令
とりといえば鶏肉		１９６０年代	ブロイラー産業活況
【第一次やきとりブーム】			
鶏肉の大衆やきとり		１９７０年	ケンタッキーフライドチキン上陸
		１９８６年	バブル到来
【第二次やきとりブーム】			
地鶏、銘柄鶏	平成	１９９０年	「食鳥処理の事業の規制及び食鳥検査に関する法律」
	（１９８９年〜）	１９９１年	バブル崩壊／もつ鍋ブーム
		２００７年	『ミシュランガイド東京』刊行
		２０１０年	やきとり店が『ミシュランガイド東京』で星付き
			『ミシュランガイド関西』刊行
【第三次やきとりブーム】			スペインのバルブーム
個性派やきとり			

第一章　やきとりの歴史学

神話に登場した鶏

やきとりといえば、今は基本的に「焼き鶏」のことを表している。そして日本では単に「とり食べたい」というと、ほぼ百パーセント鶏《にわとり》の肉のことをさす。逆に、鶏ではない〝とり〟ってなんだろう？　と思うくらいだ。

実際、鶏は世界でもよく食べられている肉だ。食べられるまでの飼育期間が短い、脂肪分が少なく高たんぱく質でヘルシー、宗教的なしがらみが少ないなどポピュラーになった理由はいくつもある。淡白でくせがないながら味があり、肉質はやわらかく、ほかの食材と合わせやすい調理性も魅力だろう。

鶏の祖先は今でも雲南省などの中国南部やインド、インドシナ半島の奥地に生息している野鶏《やけい》つまり野生の鶏である。

余談だが、この野鶏は飛べるらしい。ちょうどこの事項を調べているとき、鶏学者の先生から「アジアの野生のトラの生態を追うドキュメンタリーを見ていたら、トラの後ろで野鶏が飛んでいた！」と一報が入ったので、間違いないだろう。

ひと口に野鶏といっても何種類か存在し、セキショクヤケイ、ハイイロヤケイ、セイロンヤケイ、アオエリヤケイの4種類が知られている。このうち、セキショクヤケイ（漢字で書くと赤色野鶏）が鶏の直接の祖先だという説があるいっぽうで、複数の野鶏が関わっているという説もある。

この飛べる野生の鶏が「飼われる」「家畜化される」ことで「鶏」になったわけだが、それがいつ頃かについては諸説ある。古い文献では2000年前くらいだといわれていたが、大英博物館の動物考古学者、バーバラ・ウエストらによって紀元前6000年よりもかなり以前であることが報告されている。

日本の隣国、中国の文献にも、すでに3000年以上前に広く飼われていたと記されている。3000年以上前というと、日本では縄文時代にあたるが、当時の日本に鶏がいたかどうかは不明である。

中国から朝鮮半島を経由して渡来したのであろうが、歴史上の〝物的証拠〟としては、長崎県・壱岐《いき》市の原ノ辻遺跡から出土した鶏の骨がもっとも古いとされている。原ノ辻遺跡は弥生時代の集落の遺跡で『魏志倭人伝』にも出てくる。大陸との交流があった場所だからこそ、鶏の存在には説得力がある。

日本の文献に鶏が登場するのは、奈良時代の『古事記』が最初だといわれている。日本の神話のなかでもっとも有名なものの一つ、「天の岩戸伝説」がそれである。

太陽の神である天照大御神《あまてらすおおみかみ》が、暴れん坊だった弟の須佐之男命《すさのおのみこと》に怒って岩戸に身を隠すと、世の中が真っ暗になり、いろいろな災いも起こるようになった。天照大御神に出てきてもらわないと困るということで、多くの神々が岩戸の前で歌えや踊れやのさまざまな儀式を行った際、長鳴鶏《ながなきどり》を集めて鳴かせたという。この長鳴鶏が、日本の文献に最初に登場した鶏である。

鶏は太陽が昇る朝に鳴く。そのため、鶏の鳴き声には太陽の神様を呼ぶ力があるとされる。天照大御神を祀《まつ》る伊勢神宮でも鶏が飼われている。神の使いとされ、さまざまな神事に登場する。

同じく奈良時代の『日本書紀』には、闘鶏としての鶏が描かれている。闘鶏つまり闘わせるための鶏である。神事や占いなどに用いられた。

このように鶏は、主に宗教的な用途の鳥として大切に飼われていた。しかし、その辺で遊ばせておくとのどかだし、卵も産んでくれる。卵を産まなくなったら絞めて食べる楽しみもある。ということで、特に農業従事者の間で少しずつ宗教的な崇拝の気持ちは薄れていったといわれている。その証拠に、『日本書紀』によると、675年には「肉食禁止令」が出されている。これは日本で最初の肉食禁止令といわれており、そこには「牛馬犬猿鶏の宍《しし》を食うこと莫《なか》れ」とある。宍とは肉のことで、「食うこと莫れ」ということは、それまで食べられていたのだ。

この「肉食禁止令」により、家畜の食用は表向きNGとなった。そのためか、鶏肉を食べたという正式な記録は、これ以降、長きにわたり見られなくなる。

しかし、これはあくまでも〝表〟の話である。鶏肉の食用については諸説あるが、日本の隅々にまで「肉食禁止令」を伝達する手段もない当時、全国的に統制がとれるわけもなく、裏舞台ではほうぼうで食べられていたようだ。797年に完成した『続日本紀《しょくにほんぎ》』には、キジやカモと同様、鶏は肉を食べるものだと記されている。

『大日本農功伝』には、平安時代にはすでに養鶏をする人たちがいたことが記されている。

また『源平盛衰記』には、平安末期、京都の七条修理太夫信孝という人物が鶏を飼っていた話が出てくる。しかしこれは卵をとることが目的で、食べられたとしても卵を産まなくなった鶏や不要になった鶏――廃鶏が対象だ。肉を食べるために飼われる鶏が出てくるのはずっと後のことである。

もちろん、表舞台では主に時告鶏《ときつげどり》、闘鶏用、愛玩用として大切にされていた。平安時代になると、小国《しょうこく》という、小柄で尾が長く鳴き声も長い、美しい羽根を持つ鶏が中国から渡来した。この鶏は、高知原産といわれ、日本の特別天然記念物に指定されている尾が長く美しい鶏「尾長鶏」や、尾長鶏に似ていて声が美しい「東天紅鶏」の祖先となるが、当時は小国同士が闘う姿が美しいため、闘鶏として愛用された。

平安時代末期には、熊野三山を統括する別当であり、熊野水軍を率いる湛僧《たんぞう》が、源平合戦のさなかにどちらにつくかを決めるため、赤き鶏（平氏側）と白き鶏（源氏側）を7羽ずつ闘わせて、白が全勝したので源氏についたという話も伝えられている（『平家物語』）。和歌山県田辺市の、その名も闘鶏神社はこの伝説が伝わる神社だ。

鎌倉時代には武士の副業として養鶏が勧められたという。その後、室町時代には、「卵は生き物ではない」という噂が広がったことで、卵を食べる人が増えた。採卵のための養鶏が表に出てきたわけだ。

ではまるか昔、一般的に「とりを食べたい」といったとき、その「とり」とは何をさしていたのだろうか？

答えは「野鳥」である。つまり、「とりを食べたい」＝「ジビエを食べたい」ということだった。

675年の「肉食禁止令」以降も、大陸から無益な殺生を禁じる仏教思想が伝わったことで、肉食は幾度か法律で禁止されている。ただ、こうした法令も仏教の戒律も伝わりにくい地方庶民は、もっと自由だったようだ。手近にあるものを煮たり焼いたりしていた。森林に恵まれ、平地では主に農耕が行われていた日本では、身近に野鳥が数知れずいただろう。そうした野鳥は普通に食べられていたようだ。

しかし鶏肉については、卵用の養鶏はあったが、広く食べられていたという記録は見られない。鶏肉食が表舞台に出てくるのは江戸時代のことであり、それまではこの野鳥ジビエがとり料理の主役であった。

野鳥ジビエの時代

もっとも古い日本のジビエは、当然のことながら、旧石器時代にまで遡る。当時の生活様式の解明の糸口となる貝塚からは貝や魚、獣の骨とともに鳥類の骨もたくさん出土している。樋口清之の『日本食物史』によれば、ジビエの種類も、アホウドリやカラス、トビ、ワシ、カモ、ハト、ガン（カリ）などバラエティに富む。カモやハトはともかく、アホウドリに、カラスとは……。

小泉武夫の『不味い！』にはカラスのまずさが書かれているが、ジビエに詳しくカラスを食したことがあるシェフたちの話を総合すると、まずいのは都会や人里近くに棲《す》み、なんでもかんでも食べる雑食性のものだそうだ。木の実を中心に食べている森の中のカラスは、臭みがほとんどなくおいしいとのこと。

あるフランス料理店のシェフは、フランス料理のテクニックをベースに、日本でのジビエの普及に精力的に努めており、カラスをメニューに登場させることもある。ポワレにしたり、フォワグラとともにパイ包み焼きにしたりと、魅力的なフランス料理に仕上げている。

旧石器時代には、ポワレというテクニックもフォワグラもパイ包み焼きもあるわけはなく、カラスに限らずいずれの鳥類も、生あるいは焼いただけの、焼き鳥ならぬ鳥焼きであろう。もしくは土器で煮たかもしれない。塩くらいはかけただろうか。

稲作が始まり、弥生時代になると、米の天敵であるスズメなども日常的につかまえて食べていただろう。これらは貴重な栄養源になったと思われる。

「よりおいしく食べたい」という欲望が頭をもたげ、そこに人間ならではの知恵や経験が生かされて料理として発達していく。とり＝野鳥のジビエ料理についても、庶民は単に焼く、煮るだけだったかもしれないが、貴族、武士に関してはそうでないはずだ。素材選び、調理法など何らかのひと工夫があっただろう。

まず食材の調達についていえば、上流階級とジビエを強く結びつけたのは鷹狩りの存在だった。

鷹狩りは、飼い慣らして訓練した鷹を使って猟をすることで、古墳から出土した埴輪にも鷹匠《たかじょう》（鷹狩りの専門家）と鷹が表現されるなど歴史は古い。文献では『播磨国風土記《はりまのくにふどき》』での記述がもっとも古いが、『日本書紀』や『万葉集』などにも、皇族や貴族の鷹狩りの様子が描かれている。さらに『日本書紀』には「猟場の楽しみは、料理人に膾《なます》をつくらせることだ」ともある。膾とは生肉を細かく刻んだ料理のことである。自分たちの獲物をジビエ料理として楽しんでいたことがよくわかる。

平安時代後期を迎え、鎌倉時代、室町時代となると、もっとも鷹狩りを好む武家の時代となる。ただ、源頼朝など殺生を嫌う将軍もいて、表向きには神に供える獲物をとるための鷹狩り以外は禁止されていたこともあったが、そんなときでも隠れて行われていたようだ。

武家の時代は、それまでの華やかな貴族文化とは異なり、古代的で簡素な様式を求めたとされている。鷹狩りのほか、野鳥を弓で射るなどして武芸を磨き、その獲物が食膳にも供されるようになった。そして、食材としての野鳥が文献にもよく登場するようになる。

鎌倉時代に書かれた吉田兼好の『徒然草』には、キジについての記述がある。


「コイだけは、天皇の御前で調理されるものだから、特別な魚であること。そしてとりではキジが並ぶもののないものである」


キジは天皇の御前で調理されるべき鳥だというのだ。

これを読んで、新宿に「オンドリ」というやきとりを含めたとり料理を出す店があったことを思い出した。もう閉店してしまったが、店には衣冠（公家の衣装のひとつ）を着用した人物が刃物をかざしている写真が飾られていた。聞けば「四条流」という包丁式（包丁のさばき方）の様子を撮影したもので、店主はそれを受け継いでいるのだという。

四条流とは宮中の御膳や神饌《しんせん》(神に供える酒や食のこと)のために確立された包丁式のひとつで、平安時代に遡る伝統的な技である。いくつかの分派はあるが、今でも神聖なる儀式として神社で披露されており、食材に触れず、片手に刀、片手に箸を持って食材を切っていく。

先の吉田兼好が記した「天皇の御前で調理」とは、この四条流のような包丁式だと思われる。そしてキジは、天皇の御前で恭《うやうや》しく調理されるにふさわしい鳥だったのだろう。

後年に編纂《へんさん》された『四条流包丁書』という本には、美味な鳥や魚として定められた「三鳥五魚」のさばき方が紹介されている。ちなみに三鳥とは先のキジのほか、ツルとガン(カリ)であり、五魚とは先のコイのほか、タイ、マナガツオ、スズキ、フナである。

鎌倉時代に完成し、日本最古の料理指導書といわれる『厨事類記』には、「キジの塩漬け」「キジの膾《なます》」「キジの焼き物」など、おいしそうなジビエ料理が紹介されている。

つまりキジは、日本のジビエ史におけるグルメ食材のひとつなのだ。奈良時代、平安時代、鎌倉時代、室町時代と、上流階級におけるとり料理の主役はキジだったといっても過言ではない。鶏も七面鳥もキジの仲間である。人類のDNAには、キジがうまい肉であることがきざまれているのかもしれない。

キジ以外では、大きめの鳥だとハクチョウやガン、カモなど、小さい鳥だとウズラやスズメ、シギなどがよく登場する。室町時代以降、これらの野鳥は獣肉よりも上品なものとされていた。

室町後期の1528年に完成した武士の心得帳『宗五大艸紙《そうごだいぞうし》』の記述は興味深い。「鷹の鳥のくいよう。春の鳥にはなんてんの葉をかんながけに敷きて焼鳥にして出し、亭主鷹の鳥のよし申されれば、箸を手に持ちながらゆび二つにてつまみてくうべし」とある。「鷹の鳥」とは鷹狩りで鷹がとってきた鳥のことで、これを「焼鳥」にして箸を手に持ちながら指ふたつで食べるという作法が紹介されている。「焼鳥」という表現が出てきた最初の書物だろう。

奈良時代からの仏教思想、そして肉食の禁止——特に四足の動物を忌む思想は上流階級を中心に広まった。その拘束力は時代によって強くなったり弱くなったりを繰り返していたが、野鳥食に関しては、どの時代も比較的おおらかだったのだろう。

では鶏はどうかというと、鷹狩りによるジビエが主流の武家の時代に描かれた「地獄草紙」という絵がある（奈良国立博物館所蔵）。そのなかの「鶏地獄」は、怒る雄鶏たちが罪人たちをけちらしているかなり怖い絵だ。殺生を戒める絵ではあるが、鶏を食べるなと強く警告しているようにも見える。こういう時代だったのだ。

南蛮文化が到来し、一時はその文化の影響で鶏の肉も食べられていたようだが、キリシタンの弾圧とともに廃《すた》れていく。

江戸時代に食べられたとり

和食の完成は江戸時代だといわれる。実際に江戸時代は、和食といわれるものがいろいろな形で成熟した時代である。「とりを食べる」ことについていえば、現代につながるとり料理が完成した。ただ、とりといっても基本的にはまだ野鳥の時代である。

江戸の食文化をひもとくときによく参考にされる本がある。『魚鳥野菜乾物時節記《ぎょちょうやさいかんぶつじせつき》』だ。17世紀に刊行されたといわれ、とりや魚、野菜など、1月から12月まで時節の食材が紹介されていて興味深い。1月のツル、2月のガン、3月のキジ、8月のツグミなどのほか、9月には「鶏卵」とある。鶏肉についての記述はない。卵は食べられていたが、鶏肉は表立っては食べられていなかったようだ。

先にふれたように、鶏は古くから肉食禁止令の対象であったとともに、鶏の鳴き声には太陽の光を呼び戻す力があるとされ、神聖視されていたことも大きいのだろう。

さらに思う。長く稲作社会である日本において、野鳥は貴重な米をおびやかす存在だ。野鳥をつかまえなければ、そして食べなければワシらの米が危ないとなったはずである。その点、庭でコッコと鳴きながら雑穀をつついてのんびり闊歩する鶏は無害だ。朝には鳴いてくれるし、美しい姿同士で闘わせたらいい娯楽にもなる。さらに卵まで産んでくれる。ありがたや、ありがたや、殺生して食べるなんてとんでもない、というところだろうか。

野鳥は米作の敵だから食べてしまえ、という当時の風潮を思わせる場所がある。米の豊作を祈る京都・伏見稲荷大社の参道だ。ここには「すずめの丸焼き」という看板を出している店が連なる。「稲福」などいくつかの店では、猟期である11月15日から2月15日を中心にスズメを頭付きで串ざしにし、店頭で網焼きしながら売っている。姿形はスズメのままなのでかなりグロテスクだが、骨ごとバリバリ食べるとおいしい。江戸当時の人々はこんな感じで野鳥を食べていたのだろうかと思いを馳せるにはちょうどいい。

「稲福」では京都、兵庫、愛知、香川、長野などから国産のスズメを仕入れているが、手に入れるのがかなり困難になったという。我々にとってはもっとも身近といえる野鳥ゆえ、簡単に獲れるように思われるかもしれないが、田畑の減少や大敵のカラスの台頭、何よりスズメ猟ができる猟師がいない、ということで激減した。そういえば実体験としてもスズメを見なくなった。米の敵も、いないとなるとちょっとさみしい。

鶏の話にもどそう。

1643（寛永20）年に刊行された『料理物語』は、日本最古の料理本とされている。ここで、ようやく鶏肉を食べたであろう記録が出てくる。そこには17種類の野鳥の料理法とともに、鶏肉の料理法が記されている。これが日本の文献に登場した最初の鶏の料理法だといわれている。さらに、「やきとり」という文字が初めて登場した料理本は、この『料理物語』だとされている。

『料理物語』に登場する鶏肉料理は、「汁」「いりどり」「刺身」「飯」そして卵料理である。汁とは汁物の具のことで、いりどりとは肉を細かく切って酒に浸し、醤油やみりんなどで味をつけて煎《い》ったものである。

ヤマドリやバン、シギの料理法の欄に「やきとり」とあるが、これは、今の私たちがイメージする「串にさして焼いたやきとり」ではなく、単に「焼いたとり」――そのまま火にあぶって焼いたり、熱い石で焼いたり、という料理だった可能性が高い。なぜなら「串やき」という表記が別にあるからだ。

ハクチョウの串やき、ガンの串やき、カモの串やき、キジの串やき、サギの串やき、ウズラの串やき、スズメの串やきなどの記述がある。

この「串焼き」とは、ハクチョウやキジ、カモなど大きな鳥は肉片に切って串にさしていたかもしれないが、ウズラやスズメなど小さい鳥は、先の伏見稲荷のスズメの丸焼きのように丸のまま、あるいは半身にして串にさして焼いていたかもしれない。「串やき」と「やきとり」の混在が、どうもややこしい。

ジビエのやきとり登場

『料理物語』から50年くらい経った1689（元禄2）年刊行の『合類日用料理抄』には、串にさしたやきとりの描写がようやくはっきりと出てくる。調理方法も詳しく描かれている。

「鳥を串にさし　薄霜ほどに塩をふりかけ焼き申し候　よく焼き申し時分　醤油の中へ酒を少加え　右の焼鳥をつけ　又一変付けて其《そ》の醤油の乾かぬ内に　座敷へ出し申し候」

醤油のなかに酒を加える。まさに、やきとりのたれ焼きである。このとりとは、鶏ではなくキジなど何かの野鳥であろう。実際、この文章のあとに、キジのようなとりは最初からたれにつけて焼くとよい、とある。

このように江戸時代中期には、鶏ではなさそうだが、現在の形に近いやきとりが登場していた。炭はすでにあったが、炭を使って焼いたかどうかは不明である。

この時代は印刷も盛んになってきた。『合類日用料理抄』は多数刷られ、江戸庶民でも読んだ人は多かったかもしれない。多彩な野鳥の調理法を知れば、庶民も食べたくなってくるはずだ。実際、これを読んでいるとおいしそうだ。野鳥がおいしいとなると、きっと乱獲されたであろう。そうなると野鳥不足となり、鶏肉を食べたい願望はしだいに高まっていったのではなかろうか。

いや、そんなにむずかしい話ではなく、以前から卵は堂々と食べられていたのだから、産まなくなった鶏をどうするかとなるはずだ。歴史的に飢饉があったことも考えると、鶏肉は裏舞台では昔から食べられており、江戸時代も同様だろう。

『料理物語』から30年経った1674（延宝2）年の『江戸料理集』には、ようやく正々堂々と鶏肉を食べたという記録が出てくる。でもあまり好まれなかったようだ。鶏を供するときには、嫌う人がいる場合に備えて替え料理を用意したほうがいい、という記述まである。当然だろう。卵を産んだあとの鶏肉を食べていただろうし、当時は現代のように肉用に改良された鶏ではないので、肉は固くてパサパサだったはずだ。それなら、野鳥のほうがはるかにおいしく食べられていただろう。

江戸時代には、それ以前から人気のあったキジに加えてカモもよく食べられるようになった。ただ、格があるとりといえばツルで、将軍や大名の膳に用いられた。

カモといえば、興味深い資料がある。東京魚市場卸共同組合が発行した『森火山画集・日本橋魚河岸』だ。江戸時代の宝暦頃——1700年代に日本橋にあった魚河岸の様子が描かれている。そこに鳥問屋の草分けとして「東国屋」という店が出てくる。正確には「水鳥問屋」で、カゴに入った鳥や、3羽ずつ首を束ねられてぶら下がっているカモなどが描かれている。東国家伊兵衛という人物が開業した店で、この本ではこれが鳥問屋の始まりとしている。

将軍のもとには、おそらくこうした鳥問屋からツルやキジが届けられていたのだろう。魚と同じ生鮮食品である鳥を扱う問屋が魚河岸にあることで、鳥自体の流通は広がりやすくなったと思われる。そして後年、こうした鳥問屋のなかには、卵を産んだあとの廃鶏を扱うところも出てきた。

歌川広重『浄瑠璃町繁花の図』の中のうなぎの蒲焼き屋

うなぎの蒲焼きとやきとりの関係

江戸の味の代表といえば「すし」「天ぷら」「そば」そして「うなぎ」で異論はないだろう。いずれも庶民に愛され、江戸時代に大きく花開いたものばかりだ。このなかで、今のやきとりに大きく影響を与えたと思われる料理がある。それは「うなぎ」だ。

江戸時代にうなぎの蒲焼きをつくる様子を描いた、歌川広重の『浄瑠璃町繁花の図』は有名だ。上図をご覧いただきたい。炭を詰めた焼き台をうちわであおいでいる。今のうなぎ屋の様子とほとんど変わらない。うなぎの串ざしを鶏肉に代えれば、今のやきとり屋の様子とも変わらない。

当時の江戸は、単身男性の比率が高く、簡便な食事が求められたという。特に１６５７（明暦３）年の明暦の大火以降、復興のために大量の労働人口が江戸に押し寄せるようになると、外食の需要は急速に高まり、さまざまな形態の飲食店が出現した。なかでも、小さい規模で比較的簡単に営業できる移動屋台が多かったようだ。また、蒲焼きのような火を使う料理の場合、火事を警戒して、屋台ではない店舗でも右図のように建物の中ではなく外に焼き台を作ることも多かった。

焼き台に欠かせないのが炭だ。

炭自体は縄文時代よりもはるか以前から使われていた。現在のこだわりのやきとり屋がかならず使うのが備長炭だ。この備長炭の名が広まったのは江戸時代である。

備長炭は表面が硬いという特徴を持つ、「白炭」という炭の種類のひとつである。平安時代に空海が、中国からこの白炭の炭焼き技術を持ち帰ったとされる。空海が真言密教の道場として開いた高野山を拠点に、まず紀伊半島の全域に広まった。それから江戸時代に至るまで炭焼き技術が改良され、１７００年頃に完成したという。

そして当時、紀州田辺で炭問屋を経営していた備中屋長左衛門という商人が、自ら扱う商品に「備長炭」と名づけたとされる。この炭が、紀州からの廻船によって江戸に運ばれたのだろう。以来、今でも紀州の備長炭――紀州備長炭は最高級の炭として知られている。

紀州といえば、うなぎの蒲焼きにも、やきとりにも欠かせないたれのベースとなる醤油も生み出している。

鎌倉時代の1254年、覚心という信州の禅僧が宋から径山寺味噌の製法を持ち帰った。それを紀州・湯浅の人たちに教えたところ、その製造過程で桶にたまる液汁が料理の味つけにいいことを発見したという。そこにさまざまな工夫が加わっていき、今のような醤油ができあがった。

醤油は紀州を中心として関西が長らく名産地だったが、江戸時代には炭と同様、廻船によって運ばれ、今も産地として有名な千葉県・野田など、関東各地でもつくられるようになった。とはいえ、品質は関西に軍配があがったという。しかし、江戸時代後期になり、関東の醤油の評価を一気に高める出来事があった。濃口《こいくち》醤油の登場である。江戸の人たちは濃いめの味を好んだため、これが定着した。そばつゆが濃いことからもわかるように、江戸の好みは今も昔も濃口なのだ。

さらに、江戸にはみりんがあった。

みりんは安土桃山時代に中国から渡来したもので、蜜のように甘いことから蜜醂酒、美醂酒とも書いた。調味料ではあるが、原料のもち米や麹、焼酎などを発酵させたお酒でもある。江戸時代には甘い高級酒として親しまれるとともに、調味料としても使われた。醤油の相棒として、甘辛い味を好む江戸っ子の舌を満足させた。濃口醤油とみりんを合わせたたれにつけ、炭で焼くという調理法によって、江戸で一気に盛り上がった料理がうなぎの蒲焼きである。

このうなぎをそのままやきとりに置き換えても、違和感はないだろう。

また、先に述べたように、江戸は単身男性の人口が多かった。土木工事のための職人、参勤交代で郷里に妻子を置いてきた藩士、出稼ぎの人たちなど、こうした多くの単身男性たちは、すぐに腹の足しになる食べ物を求めたので、屋台で串を用いて食べやすくした天ぷらや田楽などが人気になったようだ。そう、串へのニーズも高まってきた。

さらに、単身男性が遊べる場所も多かった。それが盛り場であり、名所であり、神社の門前であり、祭りであった。季節ごとの祭りや花見、花火、紅葉狩りなどの行事には今と変わらぬ多くの人が集まり、その人出を目当てに屋台の商人たちが集まった。当時の名所図などを見ると、屋台がたくさん描かれている。屋台は後年、やきとりの普及にひと役買うことになる。

醤油、みりん、炭、串、屋台——。やきとりの舞台はじわじわと整ってきた。

江戸時代の卵ブーム

鶏が一般的に食べられるようになるには、まず飼われなければならない。つまり、養鶏場が必要となる。古くは平安時代にも記録があるが、江戸時代には三代将軍・家光の時代（1623〜1651年）に水戸光圀が茨城で養鶏を勧めた記録があるし、八代将軍・吉宗の頃（1716〜1745年）に養鶏が盛んになったという説もある。

この吉宗、まず鷹狩りが好きであった。奈良、平安時代から貴族や武士の間で行われていた鷹狩りは、この吉宗の頃に一段と盛んに行われるようになり、江戸とその近郊の隅田川、多摩川沿岸などに多くの将軍専用の鷹場があったという。三鷹市という地名はその名残だ。

さらに吉宗は鶏も好きだったようだ。吉宗が奨励したことで、貧しかった下級武士が家計を助けるために、副業的に小規模の採卵養鶏を始めたといわれている。武士が始めた養鶏のことを「サムライ養鶏」という。肉ではなく卵のための養鶏だ。

卵は栄養もあっておいしいということで、卵料理ブームが生まれた。1785（天明5）年に刊行された料理書『万宝料理秘密箱』には、キジやシギ、ヤマバト、カモといった野鳥を使った鳥饅頭や鳥団子、煮鳥などの〝ジビエ料理〟や川魚料理とともに、約100種類もの卵料理が掲載されている。この本が別名「卵百珍」と呼ばれる所以《ゆえん》である。

この『万宝料理秘密箱』には、鶏肉を使った料理がひとつだけ登場する。それは「長崎鳥田楽」というもの。作り方はこうだ。

「鶏肉か、ガンか、カモの肉を、一時間ばかり味噌につけておく。そのままそっくり取り出し、味噌をよく拭きとる。鳥の皮を取り除き、肉を竹の串にさし、酒を少しぬって火にあぶる。山椒味噌かわさび味噌をつけ、青串にさし変えて食膳に出す。台引物、手取肴、取肴によい。

肉を小さくし、二、三個を一緒に串にさして焼き、味噌をつけると、見かけは大きな肉を使っているように見える。黒胡椒をふりかけてもよい」

肉を小さくし、二、三個を一緒に串にさして焼き、味噌をつける……これはまさに、やきとりではないか。やきとりは、とりの肉を使った田楽であるという考え方もなくはない。肉に串をさすという発想は田楽からきたという説もある。

「とり鍋」の登場

こうして、ポツン、ポツンと表舞台に登場してきた鶏肉料理は、江戸時代も後期になってようやく一般的に堂々と食べられるようになったと思われる。

その代表的な料理のひとつが「とり鍋」だろう。

江戸時代後期の街の様子を、愛嬌のある絵とともに詳細に記した『守貞謾稿《もりさだまんこう》』には、1804（文化元）年以降、鶏肉のことを京都や大阪では「かしわ」と呼んでねぎ鍋として食し、江戸では「しゃも」と呼んで同様に食べられていたとある。

さらにそこには、ゆで卵売りが描かれている。また、この時代に日本で捕虜生活を送っていたロシア人が書いた『日本幽囚記』には、「日本人は卵には目がなく、固くゆでて、ちょうどヨーロッパの人たちが果物を食べるようにたくさん食べている」と書かれている。

ここまで卵がブームなら、卵を産んだあとのいわゆる廃鶏も増えたはずだ。おそらく、とり鍋の多くはこの廃鶏が使われたにちがいない。そもそも肉のために、鶏にアワやヒエなど自分たちと同じ食べ物を与えて育てるという発想自体がなかったはずだからだ。肉が目的なら野鳥を食べればよい。鶏はあくまでも卵をとるためのものであり、卵を産まなくなるまで飼っていたと思われる。そんな鶏の肉質は、年齢を重ねているので固い。さらに、日本に渡来してきた鶏は、もともとの肉質もしっかりしている。焼くだけの調理では噛み切れないほど固くなるはずだ。時間をかけて煮て、身と骨からスープをとる、という調理法が理にかなっている。

ここで、鶏にまつわる江戸時代の大きなムーブメントである、しゃもの闘鶏を重ねてみる。しゃもは江戸時代初期にタイ国（当時のシャム国）から渡来し、闘鶏用として飼われた。今では身質がしっかりした鶏肉の代名詞のようにいわれるしゃもの起源は、ここにある。元は闘鶏用だったが、食べてみたらうまかった。そこで、江戸ではとり鍋はとり鍋でもしゃも鍋が流行《はや》ったのだろう。思えば、坂本龍馬が暗殺の直前に食べようとしていたのもしゃも鍋だった。

江戸時代に食べられていたとり鍋を今に受け継ぐ店がある。人形町「玉ひで」だ。「玉ひで」は親子丼であまりにも有名だが、本来はとり鍋の店である。1760（宝暦10）年、現在と同じ場所に開店した「玉鐵《たまてつ》」というしゃも料理店がルーツだ。

「玉ひで」の歴史は、将軍家と〝とり〟の関係を探るのに興味深い。

この頃、将軍（当時は十代目将軍・徳川家治）の前でツルを切る、先の室町時代の「四条流包丁式」のような「御鷹匠仕事」という包丁さばきがあった。これを将軍の前で披露していた山田鐵右衛門という人物が、副業として「玉鐵」を開いたのである。四代目のときに現在の店名である「玉ひで」に改名し、現在は八代目。

両国の「かど家」も1862（文久2）年創業のしゃも鍋の店である。京都「鳥彌三《とりやさ》」はかしわ鍋の店で1788（天明8）年の創業。

このように鶏は鍋として広く食べられるようになり、文明開化の明治時代を迎える。

第二章　明治の鶏食文化学

鶏肉も明治維新!?

１８７１（明治４）年は、肉好きの日本人にとって記念の年だ。肉食禁止令が解かれ、肉食が解禁されたのである。肉食解禁のシンボルといえばすき焼き、牛鍋など牛肉ばかりが注目されるが、鶏肉も人々の生活にしっかり浸透していくことになった。

この時期、『西洋料理通』『西洋料理指南』など西洋料理の本が相次いで刊行され、一気に肉ブームが到来した。赤身の肉――血を思わせるはっきりとした赤色を持つ牛や豚はちょっと苦手という人々を中心に、鶏肉のニーズもますます高まったようだ。

養鶏も、いわゆるサムライ養鶏から脱し、徐々に産業として成立しつつあった。鶏肉を専門に販売する卸業者も出てきた。野鳥を扱っていた鳥問屋が鶏肉を扱うこともあった。卸業者が出てきたことで、鶏肉料理を出す店も増えていく。

この頃、鶏肉は高級な肉とされていた。当時の牛肉の相場は、ロース肉で鶏肉の三等並みの値段だったそうだ。牛肉はまだ苦手な人がいたのに対し（52ページ参照）、鶏肉に関しては、牛肉ほど個性はないし、キジなど野鳥の味にはなじみがあった。となると、鶏肉のほうに人気が出るのは当然だろう。しかし、高い需要に対して供給が足りない。なぜなら、鶏肉にするのは「卵を産ませてから」という考え方がまだ根強くあり、肉として出回るのは用済みとなった鶏しかなかったからだ。鶏肉が庶民の味になるには、1960年代のブロイラーの普及を待たなくてはならない。

さて、江戸末期から食べられていた「しゃも鍋」は特に高級とされ、提供する料亭や専門店は繁盛した。また、牛鍋ブームをうけて、鶏肉をしょうゆだれで煮る鶏肉のすき焼き専門店も登場した。

当時のとり鍋ブームを物語るように、現在も続く老舗が相次いで開店している。1897（明治30）年創業の茅場町「鳥徳」や鶏すき焼きで有名な神田「ぼたん」、1909（明治42）年創業の、予約がとりにくい店として知られるとり鍋店、湯島「鳥栄」などは今も親しまれている。

とりを語るうえで重要だと思うものがある。花街《かがい》だ。

花街と鶏料理

花街とは簡単にいえば、三味線や唄、踊りなどの芸事を身につけた芸妓、舞妓が住み込み、料亭やお茶屋などでもてなしをする文化が盛んな街のことである。東京では江戸期に興り、現在は東京六花街といわれる、浅草、向島、新橋、赤坂、神楽坂、芳町と、ほかに大塚と八王子を加えた8カ所が残っている。

もてなしの街、花街の形成に飲食店は欠かせない。そして花街に花を添えてきた料理のひとつが鶏肉料理である。特に、江戸後期から明治時代にかけて高級料理として牛鍋とともにブームとなったとり鍋料理は、接待の場としても利用された花街にはもってこいだった。牛鍋は脂が多いし匂いがつきそうだが、とり鍋はあっさりしていて匂いもつかない。

江戸時代、随一の花街は柳橋（現在の浅草橋あたり）だったが、明治維新を境に状況は変わる。柳橋は旧幕びいきで、明治維新の核となった薩長の人たちを嫌ったからだ。薩長組は自分たちに合う新しい花街を探した。それが新橋だったという。政府の要人だけでなく、彼らをもてなす政財界の面々も、まるで自分たちの応接間のように新橋の料理屋や待合を使った。こうして柳橋は衰退していったが、新橋は新政府の要人たちを客として迎え、どんどん栄えていった。

川村徳太郎がその著書『新橋を語る』で、「一にも二にも文明開化が叫ばれていた時代に伴い、其の時代の先端を行くことを念として、ザンギリ頭に共鳴することができた」と記したように、時代に染まったことが、今の新橋の魅力である「庶民の飲み屋街」につながっているように思う。新橋らしい〝敷居の低さ〟はこの時代にすでにつくられていたようだ。

1891（明治24）年、新橋には花街の組合ができた。この組合には、それまでの料理屋、遊船宿、待合に加えてうなぎ屋ととり料理屋が加わっていた。この時代のとり料理とは、当時の高級料理の代名詞であったしゃも鍋のようなとり鍋などであり、やきとりではない。

この頃の新橋は、現在の港区新橋という地名に限定されるのではなく、もっと広く、今の銀座7丁目や8丁目、さらに築地あたりまでをさしていた。現在も新橋演舞場の周辺は花街の伝統を守っている。

現在、一般的にイメージされる新橋といえば、新橋駅界隈である。その駅から歩いてすぐの烏森《からすもり》神社周辺にも花街があった。この花街の料理屋として有名だったのは、「湖月楼」だが、現存していない。今なお残る料理屋は「末げん」で、1909（明治42）年の開店。古くは総理大臣を務めた原敬、歌舞伎役者・六代目尾上菊五郎など著名人が通い、三島由紀夫が最後の晩餐に選んだ店としても知られているとり料理屋だ。

臓物の蒲焼き

このように花街でセレブな料理が流行るいっぽうで、大衆の場で流行した庶民向けのB級グルメはなんだろう。セレブのとり料理がしゃも鍋とすれば、B級グルメはやきとりだろうか。

1893（明治26）年に松原岩五郎という新聞記者が書いた『最暗黒の東京』という本がある。タイトルどおり、明治中期の東京の下層といわれる人々の生活を克明に記録したルポルタージュだ。最暗黒という表現がなんともリアルだが、裕福ではない人たちの生活ということだ。歴史上、記録の多くは、時の権力者や裕福な人たちが書いてきたものなので、こうした最下層の人々の様子を描いたルポルタージュはかなり興味深い。

ここに、車夫の食べ物として、やきとりについて書かれている。

「焼鳥――煮込と同じく滋養品として力役者の嗜《たしな》み喰う物。シャモ屋の庖厨より買出したる鳥の臟物を按配して蒲焼にしたる物なり。一串三厘より五厘、香ばしき匂い忘れがたしとして先生たちは蟻のごとく麕《むらが》って賞翫す」

やきとりとは滋養品として力仕事をする人が食べるもので、鶏肉屋から仕入れた臓物を切って蒲焼きにしたもの、とある。香ばしくておいしく、人々は蟻のように群がって食べたという。

鶏肉屋の肉は花街のしゃも鍋に、臓物は大衆の町のやきとりに、というわけか。花街、そしてとり鍋店とやきとり屋の意外な関係が、この文章から想像できる。

やきとり屋台の出現

江戸時代に多数出現した屋台は、現在のように法律による規制がなかった当時、商売を始めるにはもっともてっとり早い方法だった。上品な料理ではないとされたやきとりも、やはり庶民派のスタイルである屋台からのスタートが基本だったようだ。

１９０４（明治37）年刊行の『實業《じつぎょう》の栞《しおり》』には、やきとり屋の項目がある。そこには神田明神あたりの屋台のことが描かれていて、その屋台を営む人物は祖父の代からやきとり屋をやっていた、とある。ということは、すでに幕末の頃あるいは明治の初めにはやきとりの屋台が存在していたことになる。

この本にはやきとり屋台の様子が事細かく書かれていておもしろい。さすが『實業の……』というだけあり、商売としての当時のやきとり屋の様子がよくわかる。要約してみよう。

【やきとりの始まり】

詳細はわからないが、神田の仲町にある「ガラ萬」と呼ばれる店にちょん髷《まげ》のオヤジがいて、万世橋付近の各やきとり屋はみなこのオヤジからひろまった。

【営業時間と客の種類】

営業時間は夕暮れより夜の12時頃までが通例だが、「ガラ萬」は昼間から店を出して、夜になると1～2時間で店を閉める。客の種類は仰々しく言うほどもなく、主に河岸にいる人か車夫、ちょっと上になると商家の丁稚が使いとして2～3串を買って帰る。商家の手代がくることもある。昼間は学生や小役人の姿は見かけないが、夜になれば彼らも首を突っ込んで立ち寄る。

【値段と風味】

肝や腸《はらわた》が1串5厘、骨の叩きは3串1銭。多くは駄醤油で焼いているので、本当のとり好きは鶏肉屋で「臓物たくさんください」というよりは、露店で串のみを買い、自宅で、上醤油で焼いている。「ガラ萬」では常に上等の品を揃えていて、骨なども新鮮。だが下等なものを扱っている店もあり、牛の切り出しや馬肉、犬肉を混ぜるところもある。腐敗しかけたものを湯引きして売っているところもある。

【仕入れと資本】

屋台、焼き火鉢、大皿2枚、大傘、鰻竿、竹の小串、甕《かめ》。これらを揃えて15〜20円もあれば十分。店はきれいにしなくてよくて、古道具屋で壊れたものを購入して使っても大丈夫。ただ、仕入れ先として、とりの端肉や臓物などを手に入れられるしゃも屋や料理屋などを確保しておく必要がある。これがなかなか大変。

『最暗黒の東京』といい『實業の栞』といい、当時、やきとりは下等な食べ物とされていたことがよくわかる。

やきとり＝牛や豚の臓物？

また、明治時代に東京で生まれ、東京で育った角田猛が１９５６（昭和31）年に書いた『東京の味』にはこうある。

「東京の市中に、焼鳥の屋台が盛んに現れはじめたのは、はっきりしたことは知らないが、明治の末期あたりからではなかったかと思ふ。私は未だ幼い頃だったし、今のように夜歩きすることもなかったから委《くわ》しい様子はわからないが、木枯らしの吹き渡る夜更けの辻に、汚れた紺の暖簾《のれん》をかけ薄暗いランプの灯った屋台の中から、煙とともに漂ひ出るタレの焼ける高い香りはたまらない魅力であった」

この本では、やきとりについて10頁もさいて詳しく書いている。明治から昭和にかけてのやきとり屋の様子を知るには絶好の一冊だ。

角田によると、やきとりの屋台では、ほんものの鶏や小鳥を焼いて食べさせる店はほとんどなく、鶏のもつでもなく、牛や豚の臓物だった、という。鶏もつの人気が出て不足してきたためだろうか。牛や豚の臓物について「タレをつけ照焼にした至極下手な食物」とまで言い切っている。ただ、当時の紳士階級は食べなかったが、角田自身は、このやきとりのことを香ばしく、滋味深く、驚くほど安いと評価しており、大衆から強力に支持されているのも当たり前だと述べている。ちなみにここでやきとりとされた小鳥は、スズメやツグミだろう。

同じく角田猛がこの翌年に刊行した1957（昭和32）年の『いかもの・奇味珍味』には、へび、とかげ、かえる、いたち、たぬきなどと並んでもつ料理の章がある。そこには、明治時代には牛豚のもつを串にさし、たれをつけて照り焼きにして食わせる屋台が夜になると出てきたとあり、これを「やきとり」と呼んでいる。

「明治の終わりごろからやきとりといって、牛豚のもつを串にさし、タレをつけて照焼にして食わせる街の屋台が夜になると現れてきたが、若い衆や小者相手の一串五厘のしがない店だった。それが大正の中期頃からだんだん庶民に愛好されだして、値も一銭になり人気が出てきた。こうなると街の独立した商売のひとつとなり、昭和の中期には一本二銭、下町では上物が一本五銭の店もできて、清酒や焼酎、合成ウィスキー、ブドウ酒などを備えて勤労大衆の一日の慰安に大きな意味をもった大切な存在になった」

今も『広辞苑』で「やきとり」をひくと、「鳥肉に、たれ・塩などをつけてあぶり焼いたもの。牛・豚などの臓物を串焼にしたものにもいう」と、鶏肉以外のものもやきとりということが明記されている。

やきとりを語るときには、これら「やきとん」「もつ焼き」についても語ることが欠かせない。特に関東ではそうだ。

やきとりとやきとんの関係

関東より東でやきとりというとき、「やきとん」「もつ焼き」のことを当たり前のように含む。「肉ゆうたら牛肉」という主張と同様、「やきとりゆうたら鶏肉」を主張する関西の人たちにとっては抵抗があるようだが、関東での「やきとり」はそうなのだからしょうがない。かくいう私も、出身は西なので「やきとりといったらやきとんも含む」という考え方に、なかなかなじめないでいた。

とはいえ、牛や豚の内臓を切って串にさして焼けば、当時は高級だった鶏肉、鶏もつのたれ焼きにそっくりだということに気づいた人たちは、いいセンスをしていると思う。よってそのセンスに敬意を表し、やきとん、もつ焼きをやきとりと言ってもいいじゃないか、と思うようになった。

四足の生き物の肉を食べることは、長らく表向きにはけがらわしいこととされていた。だから、先の『いかもの・奇味珍味』を例に出すまでもなく、日本人にとって牛や豚のもつはゲテモノ扱いだった。しかし江戸末期には、イノシシやシカの肉を提供する獣肉店が堂々と出店しているし、牛肉屋も誕生している。篠田鉱造の『幕末百話』からは、人々がそれらの肉にとまどう様子が窺える。

「牛肉を喰うというのが、精根のつきた病人ぐらいで、薬だというから、鼻の穴へセンをかって置いて喫《た》べたもので。喫べた以上は神様仏様へ、一周のご遠慮を申す。万一家で喰べる段になりますと、神棚仏壇へ目張りをしたものです。そうして置いて煮た鍋はというと、庭の中央へ持出して、煮湯を懸けて二日間晒《さら》すという手数のかかったお話なんでした」

牛肉と聞くと嫌がる人は多かったようだ。肉を食べると、火が汚れるというので煙草も吸わなかったという。なんともひどい言われようだ。当時の人たちが憧れた西洋料理には、ハツやレバーはもちろんのこと、胃や腸や脳みそまで食べる文化があるというのに。

『幕末百話』によれば、豚に関しては意外にも、維新前に流行したことがあるそうだ。最後の将軍、徳川慶喜が食べたことが伝わり、慶喜公が食べたのならということで、豚鍋などにして食べていたそうだ。しかし、このまま普及していったかというと、伊藤記念財団の『日本食肉文化史』などによれば、どうもそうでもなさそうである。

明治新政府の肉食の奨励で、まず牛肉のほうが流行った。そして養豚も大いに推進されるようになり、一時的に投機ブーム的な流行もあったようだが、定着はしなかったという。なぜなら、当時の豚のエサは、現在のようなトウモロコシなどを主原料とした配合飼料ではなく、食品産業から出る廃棄物や家庭から出る残飯が多かったので不浄感が強かったからだそうだ。こうしたエサ事情があったため、養豚が盛んになったのは、食品産業が盛んな地域や残飯が多く出る都市部だったという説は納得できる。

食べるときは仏壇や神棚に目張りをしていたという牛肉と、残飯がエサの豚肉――明治維新を象徴するハイカラな食べ物であることはわかっているが、多くの人々はネガティブなイメージを持っていた。肉でさえけがれているという思想があるのだから、その動物の内臓がゲテモノ扱いだったのは当然のことだろう。

そういう状況だから、仕入れ先の信頼さえあれば、牛や豚の内臓の仕入れ価格はタダみたいなものだった。それを串にさして焼いてみると実にうまい。さらに当時、高級だった鶏肉を串焼きにしたものと姿形も似ている。えいっ！　やきとりと言ってしまえということだったのだろう。

時代が時代ならば偽装表示として訴えられそうだが、そのストーリーは今となっては〝いい味〟である。鶏肉あり、鶏もつあり、野生の小鳥あり、豚や牛の内臓あり。関東におけるやきとりとやきとんとの混在はこうして起こった。

もつの隆盛

肉を食べる派、食べない派とが、微妙な渦を巻いていた明治期を経て、大正期に入ると意外にも養豚が一気に盛んになった。

1912（大正元）年、コレラが全国的に流行し、政府が生食を禁止したという。このとき刺身で食べる魚食をやめて肉食に切り替える家庭が続出したそうだ。そうなると注目されるのが、繁殖力が強くて安い豚肉だった。不浄などと言っていたのが嘘のように養豚が盛んになり、豚肉が食べられるようになる。豚肉が食べられるようになれば、屋台でも豚もつが盛んに焼かれていったに違いない。

さらに関東大震災が起こったことも、やきとりとやきとん、もつ焼きの混在に拍車をかけたのではなかろうか。

焼け野原になってモノがなくなったとき、生きていくためにてっとり早いのは、安価な食材を使った露店や屋台の商売である。実際、１９２３（大正12）年に東京を襲った関東大震災の際、復興とともに安価に手に入るもつ焼きやもつ煮込みの店がかなり増えたようだ。

屋台時代の「江戸政」

南千住「大坪屋」は１９２３（大正12）年、牛もつ煮込みで有名な門前仲町「大坂屋」は１９２４（大正13）年、森下「山利喜」は１９２５（大正14）年と、関東大震災後の創業である。

もつをうたってはいないが、東日本橋「江戸政」は震災翌年の１９２４（大正13）年の創業である。今の店がある両国橋のたもとで、もともとはそば屋で働いていた渡辺政治が屋台として営業を始めた。現在は、三代目の浜名久利さんが店を切り盛りする。店のなかには屋台がそのまま入っていて、その屋台をテーブルにして、客たちは立ち飲み、立ち食いで楽しんでいる。営業時間は、創業当時から午後5時〜午後8時。頑としてそれより後もそれより前もない。なぜなら、屋台といえども、うまい「やきとり」を酒のつまみではなく、あくまでも、食事のひとつとして出したかったからだそうだ。さすが日本橋、江戸っ子の政治《まさはる》だから「江戸政」。この屋台魂は平成まで受け継がれている。

鶏肉はというと、各地に普及していった記録はあるが、変わらず高級品であった。もつの隆盛は大正期。そう言い切っていいと思う。

東京は後年、もう一度焼け野原となる歴史を持つ。太平洋戦争における東京大空襲である。戦後、やきとり屋台はヤミ市という形で登場するが、これは後述する。

鶏肉販売の広がり

板橋で鶏肉の卸を営む「鳥新」は1895(明治28)年の創業である。四代目社長であった磯田孝義さんは言う。

「私が子供の頃だから昭和20年代、この辺りには鶏を飼っている農家がたくさんありました。

ぼてや（棒手や）さんと呼ばれる天秤棒をかついで鶏を運んでくる人たちがよく出入りしていましてね。昔の卸は、生きた鶏を運んでもらってそれを鶏舎に入れておき、注文があったら絞めて販売していたんです。初代の頃もそうだったと聞いています」

農家をまわって生きた鶏を集める集荷人がいて、それを鶏舎で飼い、注文があってから絞めておろす――当時は一般的だったようだ。

明治から大正期は、鶏肉がブームになったこともあり、養鶏業が活発化した。１８８８（明治21）年の農商務省（今の農林水産省にあたる）の記録を見ると、牛肉に追いつけ追い越せとばかりに養鶏を推進しており、当時９１０万羽以上の鶏が飼われていたようだ。その内訳を都道府県別に見ると、長野県、千葉県、茨城県、埼玉県、鹿児島県の順に多く飼われている。

ただ、鶏肉ブームといっても、当時は採卵のための養鶏が主だった。肉としては、産卵率の悪い鶏や、卵を産まなくなった鶏、しゃもなど特殊な鶏を肥育したものなどが流通していただけのようだ。ちなみに、現在の採卵養鶏王国は、茨城県、千葉県、鹿児島県、岡山県、愛知県の順になる。

東京にとっては当時、千葉県、茨城県、埼玉県が鶏肉の重要な仕入れ先だった。磯田さんは街道が流通のキーワードだという。実際、千葉県と東京とを結ぶ街道の重要な流通拠点である両国には、大きな問屋があったそうだ。

ちなみに両国には、鶏ではないが１８７２（明治5）年に合鴨専門店「鳥安」がオープンしているし、両国といえば両国国技館。その地下には巨大なやきとり工場がある。そういえば、相撲につきもののちゃんこ鍋にも鶏はよく使われる。

また、茨城県、埼玉県と東京とを結ぶ街道の重要な流通拠点は、千住であった。

両国にも千住にも、各地の養鶏場から生きた鶏が大きなかごに入れられ、大八車にのせられてガラガラと運ばれてきた。数年前、ベトナムはホーチミンの街道で、かごいっぱいに詰め込まれて運ばれていくとり（そのときはアヒルだった）を見たことがあるが、おそらくそんな様子だったのだろう。

千住の問屋といえば「鳥市」だ。創業は１８７９（明治12）年。渋谷「鳥福」の村山茂さんによれば、１９４８（昭和23）年生まれの村山さんがまだ子供の頃、渋谷から「鳥市」まで、電車で片道1時間をかけて毎日、父親と仕入れに行っていたという。「鳥市」の裏には各地から集められた生きた鶏の入った鶏舎があり、村山さんは裏で絞めている様子も見ていたそうだ。買った鶏肉は経木《きようぎ》に包まれ、築地の魚卸市場でよく見かける竹で編まれた箱に入れて、また1時間かけて帰っていたという。

「氷を入れなかったけど、夏でも1時間経っても元気ピンピンの鶏肉でした。それだけ、もともとの鮮度がよかったんだろうね」

村山さんは当時をこう振り返る。

東京の中心地にも鳥問屋はある。今でも多くの都内の鶏料理店におろし、高品質な肉として信頼を得る「加賀屋」は1877（明治10）年の創業である。創業以前、初代の越村源二郎は加賀藩に代々仕える武士であり、地元で養鶏もやっていた。当時奨励されたサムライ養鶏の流れだろう。明治になって廃藩置県となると組下を連れて東京に出てきて、今の下北沢辺りでさらに広く養鶏を始めたという。その卵と肉、さらに野鳥を販売する場所として赤坂に「加賀屋」を開店したのが最初だ。野鳥はマガモ、ヒヨドリ、スズメ、ツグミ（現在は禁鳥）などを扱っていたという。

そういえば加賀藩つまり現在の石川県は、古くからシベリアから飛来する渡り鳥の越冬地として知られている。江戸時代には、今も伝わる坂網猟法という、独特の網を使う鴨猟が生まれた。それは武家でなければ許されなかったものだ。野鳥の猟は投網猟、かすみ網猟（現在は禁止）なども行われていた。そうした郷土の習慣を知る初代・源二郎には、猟の心得もあったという。
１９２３（大正12）年には現在の地に、新橋店を開業している。生きた鶏を運び、そこで肉にしてから販売していた。先にもふれたが、赤坂にも新橋にも花街がある。おそらく当時流行っていたしゃも鍋屋、とり料理屋が主要な顧客だったろう。１９３１（昭和6）年に赤坂本店と新橋店を統合。今は地鶏といえば加賀屋といわれるほど扱う鶏肉の種類は多く、やきとり屋との取引も多い。

宮川食鳥鶏卵

築地の「宮川食鳥鶏卵」は１９０２（明治35）年創業、「鳥藤」は１９０７（明治40）年創業で、どちらも今でも営業しており、高く支持されている。

ところで「宮川食鳥鶏卵」のすぐ近くには、同じ宮川の名を冠したうなぎ屋「宮川本廛《ほんてん》」がある。「宮川本廛」の創業は１８９３（明治26）年、現在と同じ場所である。親戚なのか、うなぎと鶏肉に何か関係があるのか。現在の社長、戸田勝彦さんに聞いてみた。

「初代が宮川本塵に丁稚《でっち》で入ったんです。そのあとかしわ販売部門ができて、そこを任されました」

うなぎ屋にどうして鶏肉販売部があるのか。聞けばうなぎと鶏肉は問屋が同じで、符丁も同じだったそうだ。符丁とは業界の隠語のことで、うなぎも鶏肉も１、２、３、４……を、それぞれ、せん、り、かわ、つき……と呼ぶ。

２００９年の「週刊新潮」に「屋号の探検」という連載があり、そこに、うなぎと鶏肉を販売する「稲毛屋」の話が出ていた。江戸の頃に多摩川の川魚を売っていた人がいて、やがて神田に店を構え、「稲毛屋」を名のった。川魚は夏の商品なので、冬に売れるものとして鶏肉の販売も始めた——。

宮川本店もおそらく同じような事情で鶏肉の販売を始めたのだろう。実際、夏は「宮川本塵」のうなぎが主力、冬は「宮川食鳥鶏卵」の鶏肉販売が主力となり、やがてそれぞれが業績を伸ばし、別々の店になったという。「うなぎ・やきとり」を看板に掲げる店は少なくないが、その原点はこうしたところにあったようだ。

江戸の末期から始まった鶏肉消費のムーブメントは、産地と消費地との流通も整備され、どんどん広がっていった。

明治、大正と時代が進むにつれて、鶏肉は家庭にも浸透していき、「筑前煮」「煎りどり」などの料理も一般的になっていった。さらに洋食の登場も、牛肉や豚肉とともに鶏肉のステイタスをあげたようだ。

三宅艶子の『ハイカラ食いしんぼう記』は、今でいうセレブな階級の女性作家の大正から昭和初期にかけての食べ歩きが記されていて興味深い。そこには、１９２２（大正11）年にレストランで注文したローストチキンやチキンライスの話が載っている。

そうか。チキンライスか。江戸時代からのしゃも鍋のリサーチに心を奪われていたが、こうしたハイカラな洋食にも鶏肉が使われることになり、その調理の多様性から、とりといえば鶏肉というように、着々と認知されていったのだろう。

第三章　昭和のやきとり老舗学

文学の香り漂う戦前のやきとり

関東大震災後、昭和の初期には、現在のグルメガイドブックの走りのような、食べ歩きの本がいくつか見られる。そこには、とりといえばやはりとり料理屋、とり鍋屋に関する記述がメインだが、やきとり屋に関するものもいくつか見受けられる。

１９３３（昭和８）年の『大東京うまいもの食べある記』では、屋台のやきとり屋を紹介するいっぽうで、銀座の「高級焼鳥屋」にもふれている。さすが銀座。このあたりにはこうした高級焼鳥屋が増えたともある。

その銀座の店の名を「喜太八」という。今はもうない店だが銀座以外に渋谷、人形町にも展開していたようだ。もつ焼きややきとんと一線を画し、高級をうたった〝とり〟だけのやきとり屋は珍しく、人気となったのだろう。

「喜太八」のメニューには、鶏のほかにツグミなどの小鳥やカモなどもあった。同じく銀座の「ドン」という店は「小鳥焼き」と日本料理を売り物にしていた。当時の銀座では、鶏とともに小鳥のやきとりも一般的だったようだ。いや逆に、歴史を考えると小鳥あっての鶏なのかもしれない。

昭和10年の銀座のネオン（写真提供：中央区立京橋図書館）

１９３６（昭和11）年に、料理人から住職となった魚谷常吉が書いた『日本料理教本　野鳥料理』には、実にたくさんの野鳥とその料理が紹介されている。小鳥の欄には、その料理法として「骨付きのままの焼き鳥、骨を肉とともに叩いた焼き鳥、熨斗《のし》焼きというものが王座をしめている」とある。骨付きのままの焼き鳥――おそらくこれが小鳥焼きだろう。この本では特にやきとりに向いている小鳥として、スズメ、ツグミなどがあげられている。

銀座にこうした高級やきとり屋が出現したとはいえ、一般的にはやはり屋台系だったようである。

詩人で作家の草野心平はやきとり屋を営んでいた。『仮想招宴』の「やきとりや時代」によれば、長男が2歳のとき、上目黒のガード下を抜けて散歩をしている途中で、道路に面した原っぱのなかにほったらかしの屋台を見つけた。それでやきとり屋をやろうと決めたという。長男は1929（昭和4）年の生まれだから、昭和6年のときの決断だ。

屋台の持ち主を見つけて5円で買い、赤坂溜池のやきとり屋に修業に出る。修業先は屋台ではないが、仕込みで豚の内臓を切って串にさしていた。そして麻布十番でやきとり屋台「いわき」を開店するが、そこでもやはり、やきとりは豚の内臓だ。その後新宿に移転し、今度は鶏の内臓を売ったという。

前章でも述べたが、屋台系の庶民派やきとりは、変わらず〃もつ焼き〃がメインだった。

1929（昭和4）年創業の「秋田屋」や1933（昭和8）年創業の「あべちゃん」は、鶏肉のやきとりもあるが、「やきとん、もつ焼き」をうたう店だ。

JR浜松町駅または都営浅草線大門駅から東京タワーに向かったところにある「秋田屋」は、午後3時30分という早い開店時間にもかかわらず、オープンと同時に客がどんどん吸い込まれていく。この時間だと、自由業的な人たちばかりになりそうだが、スーツをきっちり着た会社員風の人たちも多い。仕事を抜けてきたのだろうか。個人的には焼き台のまわりの立ち飲み、立ち食いスペースが好きだ。隣で食べていたサラリーマン風の人に聞くと、「大阪からの出張で、出張の度《たび》にこれを食べてから飛行機に乗って帰る」という。羽田行きのモノレールが出る浜松町らしいコメントである。

店に入りきれなかった人たちは、店前に並んだビールケースを囲んでの立ち飲み状態だ。焼き場の上に書かれたメニューには、内臓の部位が並ぶ。

てっぽー（直腸）／レバー（肝臓）／たん（舌）／はつ（心臓）／なんこつ／気管／こぶくろ（子宮）／ほるもん／睾丸／がつ（胃袋）／かしら（頭肉）／たたき（肉だんご）

麻布十番で人気の「あべちゃん」は、ずっと継ぎ足し続け、甕にべったりこびりつかせながら守られているたれが名物だ。

やきとん／やきとり／レバ／シロ／ハツ／タン

それぞれ内装、外装はきれいになったが、やきとり、やきとん、もつ焼きをほおばる人々のにぎやかな雰囲気は、昭和初期の創業の頃と変わらないのだろう。

鶏肉のみのやきとり屋の老舗「さくら家」

昭和初期のやきとりに関する文献を読むと、屋台の話ばかりで、焼いているのはよくて小鳥、そのほとんどがもつ焼きである。

しかしもちろん、基本的には鶏肉のみのやきとり屋もあった。今となっては当たり前の話なので、この表現は変な感じがするが、当時は鶏肉のみのやきとり屋のほうが珍しかったのだからしょうがない。

入船「さくら家」、京橋「伊勢廣」はどちらも鶏肉の販売業者として大正に開店し、その後、やきとり屋に転向。今も人気を誇る店だ。

入船「さくら家」

この両店の歴史を見ることで、牛や豚との混在とはっきり一線を画す、「鶏のやきとり屋」の存在が浮き彫りになる。

「さくら家」は1917（大正6）年の創業である。といってもこれは鶏肉の卸業者としての創業年である。今でも店を切り盛りし、店の看板女将として多くの客に慕われている1927（昭和2）年生まれの梅澤いよ子さんの話によれば、鶏の卸場は今の店の近くの、入船3丁目1番地にあったという。実家が、当時の一大鶏産地、千葉県佐倉市で養鶏業者と料理屋を営業していて、そこの次男だった創業者が入船に店を出したのが最初だそうだ。「さくら家」のさくらは「佐倉」なのである。

当時、実家で育てられた鶏を、生きたまま入船の鶏舎に運んでいた。早朝、注文に応じてそこで絞め、肉にさばいてから銀座、日本橋を中心におろしていた。肉は日本料理店や鶏料理店へ、内臓類は屋台のやきとり屋に安く分けていたという。自家製のつくねをうたら店に、自分たちが作ったつくねをおろしていたこともこっそり教えてくれた。

「銀座はね、埋め立てられる前は堀や川がたくさんあって、その岸には屋台がたくさん並んでいたのよ」

せっかく新鮮な鶏肉が手に入るのだからと、自分たちもやきとりを焼くことにし、まずは店前に屋台をおいた。そして1939（昭和14）年に木挽町に店舗を構えた。

戦後、入船では変わらず鶏卸を続け、現在の場所に店舗としてやきとり「さくら家」を開店し、やがて、やきとり一本に絞って現在に至る。

「私がお嫁にきたときは1949（昭和24）年。その頃はまだ鶏の卸もしていましたよ。佐倉の実家から車で鶏を運ぶのだけど、円形のかごの中に巾着のような網が入っていて、そのなかに生きた鶏が入っていたの。それを絞めるんだけど、義理の父親は上手だった。関節をクッとひねってね。あとは、素引きか湯引きという方法で毛を抜くの。素引きのほうがおいしいのよ」

いよ子さんはこう言う。

熱湯につけ、皮に熱が通る前に引き上げて羽根をむしる方法を湯引き、絞めてから湯につけず、すぐに羽根をむしる方法を素引きという。楽に羽根が抜けるので今は湯引きが一般的だが、料理人のなかには素引きを求める人もいる。

羽根をむしってから解体し、肉と内臓に分ける。

「たとえば腸。包丁で裂いて、塩でゴシゴシ洗って、それをよそのやきとり屋さんにおろしたことがあります。うちでは当時、使わなかったけど、好きな人は好きみたいで、二階ではゲテモノを食べる会とかやっていました（笑）」

「さくら家」は脾臓やマメなど、一羽につきひとつしかとれないような希少部位が食べられることで知られているが、鶏肉の卸業者であったことも、その個性を支えていた。

やきとりのステイタスを一気に高めた「伊勢廣」

もう一軒の名店、京橋「伊勢廣」は、東京駅のすぐ近くにありながら、昭和の面影を残す京橋エリアの木造の一軒家が魅力的な店である。

現在、代表を務める星野雅信さん、進哉さん兄弟によれば、ふたりの祖父母が日本橋蛎殻町の「伊勢廣」という鶏肉の卸問屋に勤めていて、1921（大正10）年、そこから暖簾分けの形で、今の場所に「伊勢廣」を開店したという。

「伊勢廣」では、生きた鶏ではなく農家で絞めた鶏を仕入れ、それを解体して肉にして販売していた。「伊勢廣」のカウンターの横には小さな窓があるが、ここから肉を販売していたそうだ。そして、せっかく鮮度がいい鶏肉が仕入れられるし、鶏肉の知識もあるからということで、やきとりの販売も開始した。

今でも、隣の別棟で鶏肉をおろしている。朝9時から始まるその仕込みの様子は圧巻だ。鶏肉の内臓付きの丸の体を解体し、各部位に分けてから串用に切り分けて串打ちをする。鶏肉の卸卸だったからこそ、また、こうした作業ができるからこそ、開店当時としては珍しいコース仕立てのメニューだった。これにより、鶏肉のおいしさを余すところなく味わってもらえる。また、追加注文はできるが、これならもも肉ばかりなくなるということもない。そして鮮度は抜群だ。さらに初代は鶏肉ばかりでなく、ねぎやしいたけ、ししとうといった食材も高品質なものを仕入れた。鶏肉には自信があるので、それ以外のものを加えて付加価値をつけ、満足してもらおうと考えたからだ。

やきとりのコースは今では珍しくないが、ここ「伊勢廣」が最初なのではなかろうか。現在も「伊勢廣」はコースが中心。出される順番も、葱巻など二代目から加えたものはあるが、基本的な流れは変わっていない。

笹身↓肝↓砂肝↓葱巻↓団子↓皮身↓もも肉↓合鴨↓手羽↓特製鶏スープ↓もろきゅう↓有機無農薬野菜（店の表記のママ）

特に「伊勢廣」らしいのは「笹身」「葱巻」「団子」だ。

「笹身」はむね肉とささみを組み合わせて長方形に整え、強火でさっと焼く。「やきとり屋にお通しは不要」という初代の考えから、お通し代わりの鳥刺しのように、串にさして焼いた刺身という感覚で本わさびをのせて出している。香りが飛ばないように、わさびは焼き上がる直前におろす。「葱巻」は二代目が考案。千寿葱に薄くそいだもも肉とむね肉をかぶせて串に打って焼いた個性的な一本。評判の「団子」は創業以来変わらない。挽肉に麻の実を混ぜていて、プチプチとした食感が印象深い。

京橋「伊勢廣」

新鮮な鶏肉を味わってもらいたいと、コース10本のうち7本は塩味だ。当然、塩は大切にしている。

進哉さんによれば、長く付き合っていた塩の取引先が廃業したので、やきとりに合う塩を求めて各地を探したそうだ。そして見つけた塩は、名前は出せないが静岡方面で作られている味がやわらかなものだ。手でつまみやすく、鶏肉にも舌にもマイルドにからむ。

そういえば「伊勢廣」には、女性客が食べやすいようにと、串から抜きやすいように開発されたフォーク・チキナーがある。今でも続くこうした新しい取り組みは、やきとり屋の新しい姿を生み出した先代たちの姿勢を受け継いでいるように思う。

でも変えてはいないもの。それは、老舗のやきとり屋としての姿である。串にさした鶏肉を強火の近火で、外はカリッと中はジューシーに焼き上げるにはかなりの技術が必要だろう。今でもきっちりと伝え続けている。

板書には「毎度有難う存じます。御酒はお一人様三合迄にお願い致します」と書いてある。

鶏肉は単なる酒のつまみではない。鶏肉のおいしさを味わってもらいたいという鶏専門店としてのプライドが垣間見える主張だ。

戦後のヤミ市とやきとり

「さくら家」「伊勢廣」のような鶏肉のみのやきとり屋の出現により、おいしいけれど牛や豚のもつだからと、ゲテモノ扱いされていたやきとりのステイタスは上がりつつあった。しかし、戦争を境に、再びやきとりの地位は下がってしまう。

戦前生まれのN氏は、やきとりの話をするとあまりいい顔をしない。昔のやきとりというと、すぐにヤミ市を思い出すからだそうだ。N少年は、アメリカ軍から買い取った残飯の仕分けを手伝っていた。残飯から肉片を拾って串にさし、やきとりとして焼いて売っていたという。残飯かどうかはともかく、どこからか肉類を仕入れてきて串にさして売るやきとり屋は、ヤミ市に多数存在した。

東京各地の駅の近くには、ごく小さな店舗が密集した不思議な飲み屋街があるところが少なくない。長屋のような建築で、周囲にビルが建つなかで取り残されたような雰囲気を持つ。そのなかにはかならずやきとり屋があり、それらはたいていヤミ市に起源を持つ。

ヤミ市とは戦後に現れた市場のことで、公的には禁止されていた流通経路を経た物資を販売していた。戦争・敗戦により配給制度はほとんど崩壊し、流通経路も破壊されたうえにそもそも店舗自体が営業できない状況だったので、ヤミ市の出現はやむを得なかったといえる。広場に台を置き、よしずや板壁で区切って簡単な屋根をのせたバラックの露店がひしめく風景は、戦後の日本をもっとも象徴するものだろう。

１９７３（昭和48）年の映画『仁義なき戦い』の冒頭で出てくるヤミ市のシーンは、舞台は広島だが、戦後を知らない世代でもヤミ市というものを知ることができる。

やきとりは、江戸後期から明治時代にかけて屋台の商売として成立したように、肉と焼き台さえあれば営業ができる。そんな気軽さが戦後ヤミ市でも重宝された。

池袋、渋谷、新橋、有楽町、神田、上野といった主要な駅の周辺には大きなヤミ市が、郊外にも中小のヤミ市が形成された。そしてそこには、やきとり屋もあった。

新橋のふたつのビル

新橋は戦前の花街としての一面と、戦後の東京でもっとも早くヤミ市街が生まれたエリアという一面を持つ。

『盛り場はヤミ市から生まれた』によれば、ＪＲ新橋駅西口あたりは東京でも最大規模のヤミ市が存在し、１９６０年代まで飲み屋街として存続した。１９７１（昭和46）年に東京都によって再開発されたが、以前の飲み屋街がそのままビルの中に再生され、今なお残る点が興味深いと記されている。

そのビルというのが「新橋駅前ビル」と「ニュー新橋ビル」である。

新橋が飲み屋街として繁栄する歴史には、「鉄道開通」と「花街」が大きく影響している。１８７２（明治５）年に新橋―横浜間が開通し、鉄道が西へと延びていくきっかけとなった。１９１４（大正３）年に東京駅ができるまで、新橋は東京の玄関口となり、駅のにぎわいとともに花街もますます栄えていく。

昭和に入り、戦争が激しくなると、駅周辺の家屋は強制的に移転させられ、それらの土地は買い上げられていった。その結果、空襲で焼け野原になるとともに空き地が生まれた。そこに、もともと花街という華やかな「飲食店の街」というベースがあったことで、ヤミ市も広がっていった。

さらに、新橋、銀座界隈には、占領軍の格上の将校らの宿泊所にあてられた「帝国ホテル」「第一ホテル」などがあり、占領軍専用の購買所となった「和光」や「松屋」といったデパートもあった。そのため、アメリカ兵が横流しした食糧や日用品が新橋のヤミ市には集まりやすいという背景もあったようだ。

かくして、新橋駅をはさんで、汐留側の東口と、SL広場もしくは烏森神社側の西口に、大きなヤミ市が広がった。どちらも飲食店街として栄え、そのなかでも、肉と焼き台さえあればなんとか営業できるやきとり屋は数多くあったようだ。

ヤミ市から始まった露店の営業はしばらく続く。

1964（昭和39）年の東京オリンピックを間近に控え、1961（昭和36）年には市街地改造法が施行された。ヤミ市の趣を残す小さな店舗は潰され、ビルが建てられることになった。それが先の「新橋駅前ビル」であり「ニュー新橋ビル」である。

西口側のニュー新橋ビルには、その場にあった飲食店の80％が入ることになったという。もちろん、やきとりを食べさせる店もあった。現在、当時から営業している店は少なくなったが、地下には居酒屋街が広がっている。

新橋独特のにぎやかな町並みのなかで、ふと落ち着いた雰囲気を醸す路地がある。烏森神社の周辺だ。小料理屋が長屋のように並んでいる。戦後のヤミ市の時期には、焼け出された小料理屋に期間限定で参道を貸していたのだそうだ。

今では多くの店が立ち退いているが、参道の入口で1959（昭和34）年から営業しているやきとり屋「王将」は、ひと際目をひく。厚いビニールシートで覆われた、バラック風の屋台のような店で、常連たちが備長炭で焼かれたやきとりを立ち飲みスタイルでほおばっている。この雰囲気だけでもひとつの文化財のようだ。

入ったら、まず日本酒かビールかを選ぶ。メニューはもつ、つくねだけだが、お任せで出してくれるので、塩かたれだけを選べばよい。使いこまれた焼き台のそばに鎮座するたれは50年間、継ぎ足し続けてきたものだ。

大将の土方日出男さんが弁当箱くらいの密封容器を取り出す。このなかに朝から仕込んだ串が入っている。これを少々、強めの焼き具合で仕上げる。つくねは山椒で、もつは七味で。生まれも育ちも新橋という大将のトークも薬味のひとつだ。

今の新橋のやきとり事情

明治維新の倒幕派を受け入れ、鉄道交通の要所となり、戦後は一大ヤミ市を生み出した新橋は、飲み食いしたい人たちをどんどん受け入れ、一大繁華街となった。ＳＬ広場の前で酔っ払いのオヤジがテレビのインタビューに応えている姿は、新橋のアイコンのひとつである。

酒飲みたちの聖地となった新橋だが、店の数が多すぎて何の情報も持たないで行くと呆然とするだろう。ただ新橋の場合、たいていは上司、先輩たちに連れられてのデビューというケースが多そうだ。「どうだ、やきとりでも」という言葉は使いやすい。

おそらく、そうした会社員たちの紹介の紹介で広がっていき、今や新橋で一番知られている店といえば、赤レンガ通りにある「鶏繁」だろう。オープンは1978（昭和53）年。わずか10坪ほどの店だが、午後5時の開店とともにすぐに満席となる。

長方形の店内はL字型のカウンターを置けばいっぱいの広さだ。扉を開けたらすぐに椅子。新橋名物といわれる会社帰りのサラリーマンだけでなく、カップル、学生、老若男女、客層も広い。おそらく初めて隣同士になったのであろう彼らは肩を寄せ合ってぎゅうぎゅうに詰めて座り、やきとりを一本一本口に入れてグイッと引きながら食べている。喫煙OKなのでたばこの煙とやきとりの煙が混ざり、何か独特な空気がうごめいているようだ。

比べるのもなんだが、フランス料理やイタリア料理では、食べるために居心地のいい空間は、知らない人同士なら椅子と椅子の間が1・2mは欲しいという。それが、肩寄せ合って食べていてもストレスではないのだから、やきとり屋というのは不思議だ。いやきっと、それをストレスと思わせない空気感をいかに醸せるかが店づくりの課題で、「鶏繁」にはそれがあるということだろう。実際、スタッフのキビキビとした動きは心地いい。

新橋に限らないかもしれないが、紹介がないと、どの店に行ったらいいかわからないケースは多い。こういう場合は「食べログ」などでチェックという人も多いだろう。とにかく飲食店が多い新橋エリアでは、こうしたネット情報の活用度は高いと思う。

その「食べログ」のやきとりの部で、新橋で常に上位をいくのが「益子」である。主は先の「鶏繁」出身だが、「鶏繁」の創業者が「伊勢廣」で修業したこともあり、その流れを汲む。やきとりはやはりコースが中心で、「伊勢廣」同様つくねのことを「団子」と呼ぶ。

新宿西口、思い出横丁

戦後、新橋にはヤミ市が広がっていたのだよ、といわれても、リアルにその時代を知らない者にはピンと来ない。今やその時代の名残はないからだ。

しかし、新宿の西口には、ここにヤミ市が広がっていたといわれると、なるほど、と思える場所がある。名前は出てこなくても、西口の、あのごちゃごちゃと飲食店が並んでいる場所といえば、おわかりになるだろう。昔は「しょんべん横丁」というあまりありがたくない名前で呼ばれていたが、今は「思い出横丁」という名前が定着している。

新宿は青梅街道、甲州街道が通り、江戸時代には宿場町として栄えていた。それが変化し始めたのは大正末期から昭和にかけてで、関東大震災により被害の大きかった都心部から世田谷、杉並、練馬などに人々が移り住み、中央線や小田急線、京王線沿線に住宅地ができていった。その住民たちが新宿に集まった。

それは戦後の復興期も同じだ。多くの人々が集まる新宿は、自然に最大規模のヤミ市を生むことになったという。

新宿のヤミ市の特徴はテキヤだそうだ。4つのテキヤ組織が、駅を取り囲むように、まるで縄張りを張るかように

新宿「思い出横丁」

マーケットを作っていたという。

新宿に集まった人々が始めた露店に対し、政府は徐々に規制を厳しくしていく。ただ、牛や豚のもつは統制品ではなかったので、多くのもつ焼き屋が開店した。もちろん、もつ焼き屋でもやきとり屋と呼ばれていた。

再開発によっていろいろな歴史をたどった新宿西口だが、思い出横丁はそのまま残った。

今も、多くのやきとり屋が残る。

「宝来家」は、昭和22年からもつ焼きを提供している店の一軒。ここのホームページには、戦地から復員してヤミ市で店を開き、苦労して経営する様子が事細かに書かれている。

「宝来家」初代、金子正巳が書いた『やきとり屋行進曲』は、戦後の新宿西口や思い出横丁に関する貴重な資料だ。この本から一部抜粋しよう。


太平洋戦争が始まるしばらく前ごろから、牛豚肉は配給制度によって売買されるようになっていった。（中略）

「兵隊から帰ったばかりで、いま死ぬか生きるかで困っている。モツを分けてくれ」

「いやあ、困った人に来られちゃったなあ。出せねえとはいえねえし（中略）しょうがねえ、明日来てくれ」

（中略）モツは今みたいにポリエチレンやビニールの袋などないときだったので、石油罐にじかに入れた。私はモツが手に入ったらやきとりをやりたいと思っていたので、1本いくらぐらいで売ったらいいかを知りたかった。

「いま三本一〇円くらいのもんだね」

やきとりというか、もつ焼きは、新宿ではまだ見かけなかった。しかし、鈴木さんの話によると、密殺された豚や牛のもつが都内のどこかで売られているようだった。

もつを細かく切って竹串にさす。代用醤油にサッカリンを入れて片栗粉を混ぜてたれを作る。火鉢の炭をおこし、ハチマキを締め、米屋か酒屋のような前掛けをして、古いうちわを持ってもつを焼き始めたという。

「思い出横丁」の近くには、1949（昭和24）年創業のレトロな喫茶店のような一軒家「ぼるが」がある。もともとは思い出横丁にあったが、昭和30年頃に今の場所に移った。「ばん焼き」というもつ焼きの盛り合わせがここの名物だ。ばん焼きのバンとは水鳥のことで、昔はこれを焼いて出していたそうだ。バンは江戸時代の『料理物語』にも登場する（28ページ参照）。

新宿の名店といえば「鳥茂」だろう。1949（昭和24）年創業で、やはりヤミ市を起源とすると聞く。鳥とついてはいるが、ここも豚や牛がメインである（第五章で後述）。

渋谷のやきとりノスタルジー

1980年代に青春を迎えた私にとって、渋谷といえばパルコ、公園通り、109といった若者の街のイメージしかない。今でも一般的なイメージはそうだろう。移り気な若者が消費をする街だからなのか、渋谷は店舗の開業率が都内でもずば抜けて高い。しかしそれは消えていく店が多いことも意味する。街の新陳代謝が激しく、渋谷を歩いていると「ここ、前は何だっけ?」と思うことが少なくない。

そんな渋谷にあっても変わらない場所、ノスタルジーを感じる場所がある。新宿が思い出横丁なら、こちらは「のんべい横丁」だ。

JR渋谷駅のハチ公口からガードをくぐり、宮下公園側に向かって線路沿いの路地を入る。すると、「のんべい横丁」と大きく書かれた看板が見える。その向こうには小さな居酒屋ややきとり屋、スナックがひしめき、看板がきらきらしている。

渋谷「のんべい横丁」

1951（昭和26）年に作られたエリアだが、もう少し歴史を遡ることができる。

新宿と同様、渋谷も焼け野原となった。戦後の渋谷駅周辺には、露店や屋台がひしめくヤミ市が立ち並んだ。道玄坂と東急本店通りのふたつの通りにはさまれたエリア、今の１０９あたりは三角地帯と呼ばれ、特にたくさんの露店や屋台が連なり、エネルギッシュにたくましく商売をしていた。ハチ公前に立てば、屋台街が扇を開いたように円山町まで続いていたという。

１９４９（昭和24）年、戦後の日本を管理してきたＧＨＱが、屋外での商売は不衛生だという理由で屋台を規制するようになる。その頃、２３０ほどの物販店、１２０ほどの飲食店があったそうだが、飲食店の一部の人たちは、国が指定する地域に屋台をひいて移転した。それが今の「のんべい横丁」の場所だった。

この横丁にあった「鳥重」の店主、東山とし子の『ぶつよ！』には、当時の様子が詳しく書かれている。

それによると「のんべい横丁」がある場所は、ずっと昔、「松本楼」という大きな料理屋だったそうだ。「松本楼」の裏手には、今は遊歩道と駐輪場になって川面は見えないが、渋谷川が流れていたという。戦争が始まるとあたり一帯が焼け野原になり、松本楼の関係者は皆行方不明になってしまった。そのため、その土地を東京都が所有するようになり、最終的に集結した屋台経営者たちに払い下げられることになった。月賦をきちんと支払うことで、決められた区画を所有できることになったそうだ。それが、のんべい横丁である。

　誰がどの場所に店を構えるかはくじ引きで決めたという。そして、約１１０坪の敷地に、すべて同じサイズ、約2坪で2階建ての店舗が38軒、立ち並ぶようになった。これは今でも変わらない。変わったことといえば、当時から続いている店は5、6軒になってしまったということだろうか。多くは家主として店を貸している。

「鳥福」はこの横丁の創設当時から営業し続けているやきとり屋だ。創業は戦前で、先にふれた渋谷の三角地帯ですでに屋台を出してやきとりを焼いていた。戦後も同じ場所で屋台を始め、その後移転してきた。

　のんべい横丁というライトなネーミングと、路地をはさんだ長屋風の棟に灯される紅白ちょうちん、柳の木、菊正宗の文字……まるで昭和の飲み屋街のテーマパークのような風情に満足してしまい、やきとりの味への期待値を下げてしまう人もいるかもしれない。

「鳥福」は、そんな人たちが姿勢を正す名店だ。やきとりに対してとても真摯《しんし》に向かっている。清潔感あふれる店内がそれを物語る。焼き台の上の換気扇もピッカピカだ。カウンターの上に置かれたガラスケースのなかには、パセリとともにきれいに整えられた串が並ぶ。まるですし屋のようだ。

店主の村山茂さんは二代目である。16歳のときに急逝した父親に代わって焼き場に立つ母親を手伝いながら学業を続け、大学を卒業してから店を引き継いだ。以来、40年となる。

初代から守り続けていることがある。それは「とりを大事にすること」だ。

戦前の創業当時、多くの屋台が牛や豚のもつを扱って「やきとり」と称するなか、「鳥福」はずっと「鳥のみ」だった。村山茂さんによると、初代である父親は牛や豚のもつをやきとりということにどうしても納得できず、創業当時から鶏問屋まで買いに行っていたそうだ。戦争直後の手に入りづらい時期でも「やきとりは鳥でなければならない」と、千葉県・茂原の養鶏場まで電車で毎日仕入れに行っていたという。

鶏だけではない。鳥問屋からキジ、カモ、シギ、スズメなどといった野鳥も仕入れていた。キジやカモは鶏同様にこま切れにして串にさし、シギやスズメといった小鳥は半身にして焼いた。今でも11月15日の猟の解禁日からはカモ、コガモといった野鳥を焼く。「魚と同じように鳥にも旬がある」ことを感じて欲しいからだ。鶏も季節によって味が変わる。やきとりも生き物の命をいただくものであることを、横丁の一角で静かに伝え続けている。

渋谷マークシティの周辺

渋谷でやきとりを語るときにはずせないエリアがある。マークシティの周辺だ。

「一九八〇年に車掌になりましたから、三十年以上ですか。井の頭線にもだいぶ長く乗ってきたものです。二〇〇〇年に渋谷マークシティができる前は、井の頭線のホームもいまほどは地上から離れていなかったし、たいした囲いもなかったものだから、夕方には下の焼き鳥屋から煙があがってきて、ものすごく食欲をそそるんです」

渋谷「鳥竹総本店」

雑誌「東京人」の2013年3月号の特集「渋谷一〇〇年物語」には、京王電鉄の車掌の話が掲載されている。

井の頭線渋谷駅周辺は、さすがに今はホームまでは煙は来ないが、その下を歩くと煙がもうもうとたつエリアがある。やきとり屋が軒を連ねるなかの一軒「鳥竹総本店」は煙の確信犯だろう。1963（昭和38）年の創業当時から、大ぶりの串が備長炭の上でジャンジャカジャンジャカ焼かれている。ジャンジャカでも間に合わないかもしれない。店内はいつも超満員、国籍問わず、老若男女問わず。ガヤガヤした雰囲気が愛される一軒だ。外国人の客も多い。

煙に関しての確信犯疑惑を代表の間島京子さんに聞いてみると、「ごめんなさいね。改善しようとしたのだけど電気量の問題でできなかったの」。2列の焼き台で1日2000本以上焼くのだそうだ。それは船の煙突くらいの換気扇でもないと煙も出るだろう。そしてこの煙がいいという客も多い。

「鳥竹総本店」の初代は、やきとりの一大ブームを起こした、根本忠雄の浅草「鮒忠」で働き、その後、戦争をともに戦い復員してきた友人に誘われてこの地に店を出したそうだ。だから「鳥竹総本店」は、創業当時の「鮒忠」の精神を汲んでいるといえる。

ここで現在は居酒屋チェーンとして知られる「鮒忠」についてふれておこう。

根本が書いた『年商十五億のやきとり商法　鮒忠立志伝』は、飲食店主の目から見た戦後の様子がとてもよくわかる一冊だ。

根本は戦後、ヤミ市が全盛だった頃に天秤棒をかついでどじょうを売っていた。毎日毎日どじょうを売り歩いて資金をつくり、1946（昭和21）年に川魚料理屋を開店した。浅草から吉原にかけて、どじょうやうなぎを串焼きにして売って歩いていたそうだ。

しばらくは川魚料理屋でやれていたが、これは夏場の商売である。冬になるとガクッと売上が落ちるので、そのつなぎとしてやきとりを始めたらこれがヒットした。61ページでもふれた、うなぎと鶏肉の密接な関係がここにもあった。やきとりに続いて「ひな鳥の丸むし」を販売したところ、これまたヒットした。こうしてやきとりのほうが商売の中心になっていったという。

初代がここで働いたのだから「鳥竹総本店」にも「ひな鳥の丸むし」も「うなぎのかぶと焼き」もある。たれは凝り過ぎず、あえて「大衆の味」にまとめている。

2列の焼き台に焼き手はひとり。地下1階から2階まで一気に注文がくるので、手早く注文を受け、すごい集中力で焼く。焼き手に対する注文の声もリズミカルだ。「やきとり、とりきも、かわ、たれ2丁、すなぎも、なんこつ、しお1丁」。焼き手はこれを一度で理解する。こうしたイキな注文の声とジャンジャカ焼いている焼き手のオーラ、大勢の客が醸すにぎわい、たくさんのメニュー。これらが一堂に揃うのだから、煙も必要に思えてくる。

「鳥竹総本店」からガード下のトンネルをくぐったところに、渋谷のやきとりの名店としてかならずあがる「森本」がある。

1948（昭和23）年創業、戸を開けると目の前がすぐにカウンターである。開店と同時に満席となる人気店だ。壁には「元祖つくね焼き」と書かれた紙が貼られている。店の方に聞くと、アイスバー型のつくねを最初に作った店なのだそうだ。壁にはもう1枚「とまり木をわれにも頒けよ夕雀」とある。スズメが止まり木に止まるように、カウンターを分け合って座ってください、という意味だろう。

外壁に沿ってカウンターを設置しているためか、不思議な形をしている。この形が、もっとも長くカウンターがとれる配置なのだろう。店のスタッフがキビキビと動き、客はぎゅうぎゅう。でも、狭苦しさはない。妙な一体感のなかで、オーソドックスなやきとりをつまむのが楽しい。

つくね／ひな皮／ゴンボ／砂肝／みさき／はつ／若鶏ねぎま／相鴨／うずら玉子／笹身／なんこつ／しそ巻き／東京軍鶏《しやも》／手羽先／野菜／ねぎ／ししとう／オクラ／しいたけ／みょうが／銀杏／しいたけ姿焼き

あくまでもやきとりが中心だ。気の利いたつまみも、ごはんものもない。焼きは塩が中心で、やきとり屋はこれで十分という姿勢が小気味いい。

今も残る野鳥焼き

渋谷「森本」で有名なのは、つくねともうひとつ、野鳥だ。秋になるとカモやスズメといった野鳥の串焼きが出される。やきとり屋で野鳥というとカモがほとんどなので、このスズメは珍しい。

先に述べたように、日本で〝とり〟といえば、長くは野鳥つまりジビエだった。飛ぶ鳥を網で落とす加賀の坂網猟（前述）は、江戸時代から伝わる伝統的な猟法で、日本人とジビエとの深い関係を思わせる。

京都・伏見稲荷の「すずめ焼き」のように、野鳥のなかでも小鳥といわれる部類の小さいとりを串にさして焼いて出すスタイルは、戦後しばらくはどこにでもあった。小鳥とは、スズメやツグミ、バンなどである。戦前、戦後を知る人たちからは、やきとりというと野鳥の小鳥を食べたという話をとてもよく聞く。昔話だけではなく、10年くらい前に「やきとり屋でバンを食べた」という証言もある。それだけ流通していたのだろう。関東大震災まで日本橋にあった魚河岸では、鶏とともに野鳥も売られていたことは31ページでもふれた。

ツグミは現在、禁猟となっている。乱獲が原因だ。その乱獲の一因とされているのがかすみ網猟というものである。かすみ網猟とは、見えにくい細い糸で作られた網を空中に渡し、飛んできた野鳥を捕らえるものだ。猟自体は現在も続けられているが、比較的容易に大量の鳥が獲れるので、特別な免許を持っている者しかできない。

江戸時代から続いたこのかすみ猟を規制したのはGHQだ。1947（昭和22）年、GHQの天然資源局野外生物科長であったオースチンが、日本各地の鳥類を調査したところ、日本は鳥類保護の意識が低いということで、かすみ網猟の禁止や狩猟法の改正、鳥類保護連盟の設立などを行った。後年制定された鳥獣保護法では、ツグミは禁猟となり、猟の時期や捕獲数に規制がかけられる野鳥も増えた。やきとり屋から野鳥が減っていったのも当然だろう。

そして、完全に「とりといったら鶏」の時代となった。

ところで「森本」にはうなぎもある。先にふれたように、鶏もうなぎも数えるときの符丁が同じだ。「森本」では、そんな歴史を改めて感じさせられる。

有楽町ガード下考

会社帰りのサラリーマンが、哀愁漂う姿で飲んでいる様が似合う場所といえば、古くからガード下と決まっている。そのガード下の聖地は有楽町だし、有楽町のガード下の名物といえば、やきとりだ。有楽町のガード下には「やきとり横丁」といわれるやきとり屋密集地帯がある。

有楽町と銀座は、大きな通りを一本はさんでいるだけなのにガラリと違う表情を見せる。有楽町は千代田区、銀座は中央区という区分にも今さらながら納得するのだが、ふたつの町の表情を変えているのは、ほかならぬ数寄屋橋を中心とした大きな通り、つまり外堀通りであり、通りと並行して走るＪＲの鉄道そして有楽町駅だ。

外堀通りはもともと、その名のとおり江戸城の外濠に沿った通りだ。外濠が江戸時代にできたと考えると、有楽町と銀座は、３００年以上、堀によってへだてられたエリアだったということになる。川をはさめば町の表情が変わるように、堀とはいえ、はさめば自ずと町の表情は変わるだろう。そんな歴史を背負いつつ堀が埋められたのは１９７０（昭和45）年のことで、実はそんな昔ではない。

有楽町駅の開業は１９１０（明治43）年、東京駅が完成する４年前のことだ。ガード下が生まれるには、当然ながら何らかの高架がなければならない。東京という街に線路や道路を走らせる場合に高架は有効だ。田畑を通り抜けるなら盛土に線路でもいいだろうが、東京のように人家が密集している場所では、高架がなければ当時の蒸気機関車の煙や火の粉、騒音は脅威だったろう。もちろん、踏切や交通渋滞の心配もない。

日本でもっとも古い高架線は新橋─有楽町間で、有楽町駅の開業と同時に完成した。独特

高架の間にも細い通路があり、迷路のような街ができあがった

な赤レンガ造りの大きなアーチは、ドイツ人技師が設計したものだ。このアーチのデザインは、ベルリンの高架下の設計思想を受け継いでいるという。

この高架を拡幅する形で、１９６４（昭和39）年に新幹線が開通。同年には外濠を埋める形で東京高速道路ができた。泰明小学校から新橋寄りは東京高速道路の高架下も加わり、新橋—有楽町のガード下は、迷路のように入り組んだ路地で形成される巨大な街となった。在来線、新幹線の順に拡幅され、その境に通路が形成されたことも、有楽町ガード下の街作りにひと役買ったようだ。

こうして、ガード下商店街、飲食街を形成する礎《いしずえ》ができあがる。

やきとり横丁を形成しているのは、有楽町駅のまわりのエリアだ。もともと有楽町は明治以降、「新聞街」と呼ばれていた。報知新聞、東京日日新聞、毎日新聞、朝日新聞、読売新聞、産経新聞と大手新聞の本社が集中していたからだ。そこで働く記者たちは、仕事帰りに気軽に一杯やれる場所を欲していたのだろう。そういう気分のときに、やきとりはぴったりだ。また、有楽町は戦後、現在の交通会館のあたりに「すし屋横丁」と呼ばれる大きなバラック長屋が連なっていた。その雰囲気がそのままガード下に移ったということだろうか。

晴海通りと高架線が交差したところから新橋寄りが「やきとり横丁」だ。線路に沿って新橋方向に歩くと、左右の看板に居酒屋、やきとりの文字が連なって見えてくる。すぐ上を新幹線が通過し、なかなかの迫力だ。というか、新幹線が倒れて落ちてきそうでこわい。ガード沿いは、昼間はふつうの道路だが、夕方になると、赤ちょうちんが灯り、道の両側にビールケースやベニヤ板、丸椅子が並べられ、屋台感満点のエリアとなる。

「やきとり屋」を名のっていても、東京の古くからの庶民派のやきとり屋がそうであるように、たいていもつ焼きも置いているし、むしろそちらのほうがメインだったりする。

カシラ／レバー／ハツ／タン／シロという品書きが並び、やきとりは「とり」「つくね」「砂肝」「ぼんじり」を揃えるところが多い。

ガード下沿いを歩いてすぐにひとつめのアーチがあり、両側には「小松屋」「登運とん」「ふじ」がある。

ちなみに「登運とん」の手前に天ぷら屋「天米」、居酒屋「養老乃瀧」があり、養老乃瀧の手前には、おそろしく狭くて天井の低い路地がある。在来線と新幹線の高架の隙間にできた路地で、ここは「産地直送エリア」とされ、やきとりばかりでなく牛肉や魚介類を置く店も多い。ちょうちんの密集率が高く、まぶしいくらいだ。ガード下の雰囲気づくりにひと役買っている。

ガード下のやきとり屋としてもっとも絵になるのは、先の「小松屋」「登運とん」「ふじ」のあるあたりだろう。赤ちょうちんが灯り、看板はごちゃごちゃ、料理名が書かれた短冊はひらひら、もうもうと煙が立ち込め、文句なしのガード下やきとり街だ。外国人向けのガイドブックでは、このエリアのことを「日本情緒満点」と書いているらしく、外国人客も多い。上流も下流も、男も女も、老いも若きも、日本人も外国人も、ガード下の客になる——最近の有楽町ガード下事情だ。

有楽町ガード下のやきとり屋街

蛍光灯の下で低いテーブルと椅子に座り、飲み食いしながらも、おしゃべりに夢中な人たちが、ビールやホッピー片手にやきとり、もつ焼きをほおばっている。なんだろう？　このごちゃごちゃ感、一体感は。

「ガード下には差というものがない。ここに入ると、中流も下流も、男も女も、老いも若きも、みな同じ『ガード下の客』になる。そしてビールやチューハイを飲みながら焼き鳥をほおばる。そんなときだけ『ガード下』は一瞬の桃源郷になる」

朝日新聞の記者だった川本三郎が『ちょっとそこまで』で記した一文だ。

有楽町から日比谷通りをはさんだ向こう側は霞が関、官庁街。役人たちも本音を語る場所を求めてこのエリアに来たであろう。近くには宝塚劇場もあるから、演劇関係者も来たはずだ。ガード下という開放感のなかで、政治経済、文化の情報がうごめいていただろう時代を思い描く。

雑多な雰囲気のなかでやきとりをほおばっていると、隣のサラリーマン集団の会話が聞こえてきた。自慢だったり、不満だったり。騒音や煙にまみれた雑多な雰囲気のやきとり屋に、こうした本音トークはよく似合う。人の悪口や愚痴は不快なものだが、ここで聞いている分にはサラリと流せて不思議と嫌ではない。なるほど、だから桃源郷か。

店側のサービス心なのか商売心なのか、焼き場の兄さんたちはやたらに明るいし、やきとり・もつ焼きの煙と匂いを立たせることにも意欲を燃やしているため、少々焦げが強い店が多い。しかし、そんなことはどうでもいいのだ。

泰明小学校から新橋までの東京高速道路の高架下はコリドー街と呼ばれる。コリドー＝フランス語で回廊というネーミングだけあって、有楽町駅近辺のガード下よりは、おしゃれな雰囲気が漂っている。中目黒の「鳥よし」の銀座店はこのコリドー街の一角にある。接待にも使え、女性も入れるやきとり屋の元祖といわれる店のひとつだけあって、やきとり横丁の店とはひと味違う、おしゃれ感が漂っている。

ガード下の帝国ホテル側も、落ち着いた雰囲気のやきとり屋がポツン、ポツンと建つ。反対に、晴海通りと高架が交差したところから、有楽町駅、東京駅に向かうと、バラック長屋が連なっていた昔の雰囲気がより感じられる。

戦後の銀座と「武ちゃん」

大正から昭和初期にかけての一大モダン都市といえば銀座である。新聞記者であった松崎天民の『銀座』によれば、飲食店が数多く立ち並び、カフェーやレストランが花開きつつ、夜になると露店や屋台でにぎやかだった様子がわかる。

１９５３（昭和28）年の『銀座ガイド』を見ると、昭和5、6年頃は銀座の夜店は一丁目京橋寄りから、「やきとり屋を最右翼に」３０５軒あったそうだ。後述する「鳥繁」は１９３１（昭和６）年の創業だ。

だが銀座も空襲によってほかの街と同様、焼け野原となった。そして飲食店の復興に活躍したのは、銀座でも屋台であった。戦災者の再建促進処置方法として昼間からの出店が許可され、露店が並ぶようになり、最高で１６００軒もあったという。

「武ちゃん」は三越の裏手にあるレトロな雰囲気の店だ。コの字型のカウンターは立派な白

銀座通りの露店（昭和22年）

銀座の屋台（昭和32年）
写真提供：中央区立京橋図書館

銀座「武ちゃん」

木。その向こうで、白衣を着た店員たちがタッタッタッとリズミカルに焼いている。店の奥には古い木造の冷蔵庫が置かれ、お品書きの古い木の札には「鳥焼き」の文字が残る。

御年、80を超えた主人、水落武敏さんは、戦後１９４８（昭和23）年からやきとり屋台を始めた。屋台といっても、リヤカーに板を並べただけの簡易屋台で、豚のもつを七輪で焼いていたそうだ。といってもまだ銀座ではなく、築地のほうに屋台置き場があり、そこから東京駅の八重洲口まで屋台を引っ張っていき、営業していたという。

銀座に移ったのは１９５１（昭和26）年のこと。先にふれたように、マッカーサーの指令によって露店が撤廃された年だ。この年は戦後の屋台系のやきとり屋にとってとても大きな意味を持つ。水落さんは行くところがないということで東京都にかけ合った結果、長屋のような店の一軒を割り当てられたそうだ。昭和通りに並行していた三十間堀を埋め立てたところで、50軒くらい集まっていたという。

そして１９５３（昭和28）年、そのときの長屋のような店のメンバーで出資してビルを建てた。それが今の店である。出資者のなかには、並びに建つやきとり屋「鳥政」の初代もいた。なるほど、だから2軒はごく近く、同じビルにあるのだ。ビルの中に店舗を構えるとは、板を張ったリヤカーから比べるとかなりの進化だ。焼き台も煉瓦に変わり、炭は和歌山から備長炭を仕入れ、カウンターは白木に。焼く素材は鶏か野鳥。野鳥はスズメやウズラのほか、今では禁鳥となったツグミもあったそうだ。老舗のやきとり屋には、まだ野鳥を焼くところもある。鶏は丸で仕入れ、店でさばいて串にさして売っていたという。

「戦後ですからね、最初は果物売りとか露店でいろいろやりましたよ。隣の屋台のやきとりが繁盛していたのを見て、やきとりでもやってみるか。最初はそんなノリでした」

笑いながらこう語る水落さんだが、鶏肉は身の締まった地鶏を選び、わさびや名物の松茸は今でも自ら築地で選ぶ。創業当時からスタイルを変えないのは、最初に最高のものを作ったという自負と、銀座で出す庶民の味は変えるものではない、という考えによるものだろう。60年以上の経験と自信が、銀座のやきとり屋の姿を見せてくれる。

「鳥政」にみる銀座屋台の日常の粋

「鳥政」を訪れたとき、店主の川渕克己さんが一冊の古い雑誌を見せてくれた。「スタイル」

の1951(昭和26)年11月号。宇野千代と北原武夫が作った雑誌の現物が見られたことにまずは感動したが、その中の上山敬三によるエッセイにさらにときめいた。タイトルは「屋台学入門　暖簾をくぐれば、男の哀歓が満ちている」。

「焼鳥といってもかならずしも鳥ばかりとは限らない。牛豚とり交ぜである。むしろこの方が多い(中略)試みに新橋脇の川っぷちを歩いて御覧じろ。『ホーデン焼き』を看板にし、更にその「元祖」が数軒ある」

このホーデン焼きつまり精巣焼きなどのもつを上手に焼いて評判だったのが、川渕克己さんの父上、初代「鳥政」の故・川渕政次さんである。もつといっても開店当初から鶏のものだった。初代が上京したときの恩人が築地の食鳥問屋を紹介してくれたからだ。

「鳥政」の創業は終戦の翌年、1946(昭和21)年である。住まいのある川崎市からリヤカーを引き、東京・新橋で屋台を始めたのが最初だという。近所から借りた大皿に焼いたやきとりを並べ、そこから勝手にとってもらい、食べ終えた串の数で勘定をするというおおらかなスタイルだった。

やがてＧＨＱの指令により、１９５１（昭和26）年の12月をもって初代・政次さんは屋台をやめ、「武ちゃん」の水落さんと同じ場所、つまり三十三間堀を埋め立てた長屋のような店で営業を始めた。

　鶏だけではなく野鳥も焼いていたそうだ。近所の猟師から買ったものもあるが、克己さんによれば、当時の住まいがあった川崎市の多摩丘陵でスズメやツグミを網で獲り、それも店で焼いていたという。小鳥焼きとも呼ばれる野鳥のやきとりは、ごく日常にあったようだ。

銀座「鳥政」

　１９７２（昭和47）年、政次さんは「武ちゃん」の水落さんたち６名と共同出資の形で、今の銀座の店が入っているビルを建て、そこに落ち着いた。克巳さんの代になったのは１９８２（昭和57）年からである。

　壁には「野鳥」の文字がある。しかし野鳥に関しては、今は基本的には扱っていない。なぜなら、「鳥政」が扱ってきた小鳥は価格が恐ろしいほど高騰してしまったからだ。小鳥は減ったし、獲る人もいない。それでいて質がいいとも思えないので、出さないというより出せないというのが本音だろう。

このように時代とともに移り変わっていくものはあるが、「鳥政」は基本的に何も変わっていないのだろう。築地の問屋とは今でも取引がある。「元祖」といわれたホーデン焼きは背肝を頼むと串の先端に1個ささって出てくる。白木のカウンターに常連たちが集い、大将から心地よいタイミングで出されるやきとりを、連れとの会話を止めることなく、おいしそうにトットと食べ、サッサとお会計を済ませて帰っていく。ふつうに見えてふつうじゃなさそうな、大将と客とがつくり上げる〝間〟がそこにある。

昭和26年、戦後の苦しい時代から抜け出そうと必死になっていた時代に、「スタイル」というファッション誌でなぜ屋台「鳥政」を取り上げたのか？　忘れてはいけない何かを伝えようとしていたのか？　今の「鳥政」にもその答えがあるような気がする。

「鳥繁」の銀座らしさ

交詢社ビル前に建つ「鳥繁」は、1931（昭和6）年、初代保立繁之助《ほたてしげのすけ》が妻（なか）とともに、屋台からスタートした。当時、歌舞伎座の裏に屋台置き場があり、そこから現在の交詢社ビルの駐車場付近まで屋台を引っ張っていき、営業していたそうだ。

「鳥繁」も創業当初から鶏肉のみだったようだ。鶏の串焼きのほか合鴨なども出していた。合鴨は先の「鳥政」「武ちゃん」などにもある。

「あひがもの味を教えてくれたのは、昭和十年ごろのこと、銀座裏の、交詢社の脇に出ていた屋台のやきとり屋、鳥繁のおやじさんで、季節になると、やわらかい、皮付きの、たしか『だき』といった胸のところの肉を、分厚に切って、焼いてくれた」

国文学者であり、食通の随筆家として知られる池田弥三郎は、銀座「鳥繁」のことを『食前食後』にこう書いた。池田は、同じく銀座にあった天ぷら屋「天金」の次男だ。合鴨を二本食べると70銭で、これは「天金」の並みの天丼と同じ値段だそうだ。屋台にしてはかなり高めだが、そのやきとりの味は評判となり、1939（昭和14）年には屋台を出していた場所を少し広げる形で店舗を構えた。戦後の激動期も乗り越え、1958（昭和33）年に店を現在の場所に移し、三代目の保立繁一さんが引き継いでいる。

ところで、「鳥繁」を知っている人がまず思い浮かべるのは締めのドライカレーだろう。戦後、カレー粉を持ち込んだお客さんから作って欲しいと頼まれたのが最初で、カレー粉を使ってパラパラッと仕上げるタイプのドライカレーの元祖だともいわれている。

油でたまねぎとももの端肉を炒め、固めのごはんを加えて、カレー粉、塩とともに炒めて、隠し味の醤油で仕上げる。提供し始めた頃は、すぐになくなってしまうので常連たちが「ドライカレー、とっておいてね」と最初に頼んでいたそうだ。やがて、あらかじめスタッフが「ドライカレーどうしますか?」と聞くようになり、現在はコースにもドライカレーの有無が明記されている。

巣鴨「お丶鳥」、浅草「鳥輿」など、店主が「鳥繁」あるいは「鳥繁」の親族の店で修業した店にもドライカレーがある。ほかにも、合鴨の入った「つくね」、合鴨とねぎを合わせた「ねぎま」、皮目を裏にして出す「手羽先」など、すぐに「鳥繁」直伝とわかるものもある。

また、「鳥繁」が心地よいのは、ドライカレーだけでなくスタッフの気配りもある。たとえば「鳥繁」の酒は大関。目の前にコップが置かれ、純銀のやかんに入れた酒が注がれる。表面張力すれすれで止めるのは、二代目のときから店を切り盛りする、〝佐々木さん〟ならではの職人技だ。その「おっとっと感」が楽しいし、燗の具合もちょうどいい。三代目を中心としたフレンドリーな接客は、誰に対しても平等に見えるが、常連客とそうでない客との距離感をきっちりとっていると思う。それも銀座らしさだろう。

第四章　やきとり社会学

ブロイラーが生んだ第一次やきとりブーム

戦後、やきとりともつ焼きが混沌としている時代のなかで、「やきとりといえば鶏」と決定づけた出来事がある。1960年頃に始まったブロイラーの契約生産だ。

詳しくは後述するが、ブロイラーとは肉専用鶏のことである。わざわざ「肉専用」と断り書きをするということは、鶏といえば相変わらず採卵のための鶏か、鍋に使われるしゃもが多かったのだろう。

戦後のアメリカは日本に飼料を輸出することを命題にしていたし、日本の商社もそれに応えようとしていた。そんな事情もブロイラーを後押しした。

「あの頃はね、日本は工業製品をどんどん輸出しなくてはいけなかったから、その引き換えにアメリカから飼料を買っていたという認識でした」

と、某鶏卸業者の会長は言う。

商社は養鶏場を用意し、アメリカから肉用鶏、飼料、食鳥処理機械などをセットで輸入してブロイラーの生産を後押し。またたく間にブロイラーは増えていったという。また、三菱商事の出資でケンタッキーフライドチキンが上陸し、チェーン展開されるなど、安くおいしい鶏肉料理が一般家庭にどんどん浸透していった。

ブロイラーの流通量が増えるに従って、生きた鶏を大八車にのせて運んで、注文を受けてから解体などといった呑気な光景は遠い昔のこととなった。トラックで運んでも間に合わないので、処理・解体は基本的に鶏の産地で行われるようになった。

ブロイラーはやきとり界にも影響を及ぼした。高価だった鶏が、安価で手に入るようになったため、大衆やきとり屋に「鶏肉を使ったやきとり」がどんどん登場したのだ。ブロイラーは肉用鶏なので卵を産ませることなく若い段階で出荷できる。やわらかくてジューシーなので、短時間で焼き上げるやきとりにはうってつけだった。実際、今でも多くのやきとり屋がブロイラーを使っている。

外食チェーンの「鮒忠」は、自らのホームページで創業者を「焼き鳥の父」と呼んでいる。

何をもって「父」とするかはさておき、ブロイラーを串にさして焼き、大衆にやきとりを広めたのは間違いない。２００７（平成19）年に「8月10日はやきとりの日」とされたが、これは「鮒忠」三代目の功績だ。

居酒屋にもやきとりが置かれるようになった。牛・豚もつを使った串焼きを「やきとり」と称することは今でも名残としてあるが、ブロイラーの登場によって「もつ焼き」と「やきとり」は完全に分かれるようになった。もつ焼きはやきとりの代用品などではなく、それぞれのおいしさを食べ分け、楽しむようになっていく。

吉祥寺で人気の「いせや総本店」は、１９２８（昭和３）年に精肉業者として創業したが、１９５８（昭和33）年にやきとり屋に転換している。品書きに豚もつなどがあるのは精肉業からの流れだろうが、ブロイラーブームの兆しを感じとっていたからかもしれない。

ようやく、とりといえば鶏の時代になっていった。サラリーマンたちは会社帰りにこぞって新橋、有楽町などの繁華街に集い、赤ちょうちんの下でコップ酒とともに鶏肉のやきとりを、そしてもつ焼きをほおばった。

ブロイラーが普及した１９６０年前後から１９７０年代までを、第一次やきとりブームと呼びたい。

やがて1980年代になるとグルメブームを迎え、バブル期が訪れる。

地鶏、銘柄鶏の登場

バブル期をふり返ると、高級とされるレストランで鶏肉料理を置くところはほとんどなかったように思う。あったとすれば、フランス産の高級鶏であるブレス鶏くらいだろうか。せっかくレストランに来たのだから、というお客さまに対し、鶏肉では申し訳ないと語るシェフは多かった。鶏肉といえば家庭料理かやきとりなのだ。鶏肉＝高級だった時代がウソのようである。かくいう私も、鶏肉が高級だった時代は知らないので「鶏肉といえば庶民の肉」派だが。

景気がよくなると、よりリッチなほうに意識が向くのは必然だ。鶏もそうである。ブロイラーが圧倒的なシェアを誇り、安価になり、あまりに普通となったため「昔の味と違う」という声も出てくるようになった。

ブロイラーの情報も知れ渡る。

あくまでもイメージだが、狭い鶏舎にぎゅうぎゅうに詰め込まれて育てられ、運動もせずにひたすらエサをついばみ、早く成長できるような処理をしている——こういったマイナス面ばかりが取り沙汰されるようになる。

そうなると、不自然、不健康、味が薄いといった声や、昔食べた身が締まってしっかりした鶏肉の味が忘れられない、地面を走り回った健康的な鶏を食べたい、といった声があがるようになり、昔ながらの鶏に注目が集まるのも当然の流れだろう。

ただ私見だが、昔の鶏＝身が締まって味が濃い＝庭を駆け回っているから、という図式は少々ステレオタイプだなと思う。もちろんそういった要素もあるが、そもそも昔の鶏は今よりも日齢が経っていた、という要因もあるだろう。

話をもどそう。

安価なブロイラーが輸入されるようになって販売競争が激化するいっぽうで、企業側も鶏肉の新たな差別化を模索するようになっていた。

そして、よりおいしい鶏肉を望む声に応える形で、１９８０年代には「地鶏」が登場する。

地鶏といわれるだけあって、〝地〟つまり〝地方〟〝土地〟という一村一品運動的な色合いが濃く、各自治体や農協がバックアップする形で改良、生産が進められた。２３２ページから後述する地鶏の定義には合わないけれど、飼育日数や飼い方などこだわった「銘柄鶏」と名づけられた鶏も登場する。

デパートやスーパーマーケットには地鶏コーナーが設置され、人気を博した。レストランのメニューにもブレス鶏ではなく、比内地鶏、名古屋コーチン、伊達鶏といった日本語名の鶏が登場した。

地鶏で第二次やきとりブーム

この流れはやきとり界にも新風を吹き込んだ。やきとりといえば、それまで単に「にわとり」だったのが、「○○どり」とうたう店が出てきたのだ。

その先駆けのひとりが、1987（昭和62）年に阿佐ヶ谷に「バードランド」をオープンした和田利弘さんだと思う。和田さんの出身地である茨城県の「奥久慈しゃも」を使ったやきとりが雑誌などで取り上げられ、注目されるようになった。そしてほぼ同時期にほかのやきとり屋でも、レストランで使うような比内地鶏、名古屋コーチン、伊達鶏などを使うようになった。こうした鶏はブロイラーとは焼き方が異なる。その焼き方も、焼き手の腕として付加価値がつくようになった。こうして、庶民派のやきとりと高級やきとりの二極化が進んだ。

このバブル時代と重なる時期——地鶏が登場した頃から10年間くらいを第二次やきとりブ

ームと呼びたい。名古屋コーチン、比内地鶏などが話題となり、こだわりの鶏がたくさん育てられた。１９９５年に１１２種類だった地鶏・銘柄鶏は、２０１１年までに１８０種類に増えた。

１９９９年７月５日号の「ＡＥＲＡ」は、グルメブームに乗ってブロイラーを脅かす存在となった地鶏という切り口の記事を掲載している。ただ同時に、数の多さと定義の曖昧《あいまい》さから消費者が混乱しているとも伝えている。

鶏にこだわると、鶏そのものを味わってもらいたいという願いからシンプルな味つけとなり、塩にもこだわりが出てくる。自然塩なども積極的に使われるようになった。まるでレストランのような、やきとりのお任せコースが一般化したのもこの頃だろう。

しかし、こうした地鶏・銘柄鶏の作出もやがて落ち着きを見せるようになる。理由としては、ブランドが乱立し過ぎて消費者が違いを理解できなくなってきたこと、バブルがはじけて景気が低迷し、価格と質のバランスをよりシビアに見るようになったことなどがあげられよう。

鶏の改良は少々落ち着きを見せたとはいえ、やきとり屋の主人たちは今でもいい鶏肉に注目し続けている。

また、第二次やきとりブームの特徴をもうひとつあげるとすれば、野菜焼きが多く登場したことだろう。女性客の好みもさることながら、健康に対する意識の高まりだろうか。アスパラガスや金針菜、れんこん、しいたけといった野菜を串にさしてやきとりのように焼く。最近ではトマトも人気だ。今では当たり前になったスタイルだが、時代のニーズによって生まれ、定着した。やきとり黎明期には考えられなかったことだと思う。

ブレス鶏とフランス人とやきとり

フランス料理のシェフに聞くと、ほとんどの人がこう言う。

「フランス人にやきとりはウケる」

「フランスでやきとり屋をやると流行る」

その理由については、ほとんどの人がこう言う。

「フランス人は鶏が好きだから」そして「フランスにはブレス鶏があるから」と。

ここであえてフランスを出したのは、フランスが美食の国といわれているからである。アメリカでウケるというとビジネスとしての広がりを感じるが、フランスでウケるというと、美食として認められた気分になる。

フランス人の鶏好きというのはシェフの経験値に基づく意見だろうが、ブレス鶏はフランス料理界が誇りにしているブランド鶏であることは間違いない。

「締まった肉質と深い味わいは炭火で焼いて塩、こしょうだけで十分」

と言うのは、フランス料理のシェフであり、やきとりの焼き手でもある「萬鳥Marunouchi」の田口昌徳さんである。「萬鳥Marunouchi」では、ブレス産の鶏のもも焼きを提供している。

ブレス鶏は、品質の高い農産物を保護するために制定されたフランスのＡＯＣという制度で認証されている鶏だ。ブルゴーニュのブレス地方で育てられるのでこの名があり、この地方で育てられないと名のることはできない。日本の地鶏と同様、自由放飼、飼料など細かい規定がある。出荷されるのは空腹にして１５００g以上のもので、日齢でいうと１２０日以上になる。

ブレス鶏の生産者と技術提携し、ブレス鶏を見本に育てられているのが伊達鶏だ。目黒「鳥しき」と、その師匠にあたる中目黒「鳥よし」も長年、この鶏を使っている。

果たして、やきとりはフランスで本当にウケるのか。

ウケるというよりウケたと語るのは「鳥よし」の猪股善人さんだ。猪股さんは１９７４

（昭和49）年から10年間、フランスでやきとり屋を営んだ経験を持つ。日本でやきとり屋に勤めていた頃、「ミヨシコーポレーション」という会社にスカウトされ、パリのやきとり屋を任されたのだ。

「ミヨシコーポレーション」は1966（昭和41）年、数寄屋橋交差点のソニービルに「マキシム・ド・パリ・イン・トウキョウ」を開き、東京にいち早く本場のレストランの味を伝えた会社だ。フランス最高級の食文化を伝えた当時の社長、三好三郎さんも、多くのフランス料理のシェフ同様、フランスでやきとり屋は流行ると判断したのだろう。

しかし、40年前のオープン当時、客入りにはなかなか苦戦したそうだ。

「当時のフランス人にとって、鶏肉はかぶりつくように食べるものであり、串にさしてあるやきとりはアペリティフであり、オードブルなんですよ。串だけ出して終わりというと、メインはどうした？　と結構いわれました」

確かにフランスでは、肉といえばある程度の塊を皿にのせて、ナイフとフォークで食べるものだ。串にさしたやきとりは、日本でもファストフードのひとつなので、そう思われても仕方あるまい。

では、猪股さんはどう対処したかというと、コースで出すようにしたのだ。その内容は、

①ワインヴィネガーをきかせたキャベツのサラダ、②やきとりセット（つくね、かしわ、豚のチーズ巻き、豚のピーマン巻き、マッシュルーム、ポワロー、砂肝、レバー、皮）、③ごはんセットというものだった。そのほか、カモやハト、ステーキ、ウズラなども用意したという。結果、客はまあまあ来るようになり、途中でいったん帰国したけれど、のべ11年間、猪股さんはパリでやきとりを焼いた。

滞在10年目になると、パリにもやきとり屋が増えてきた。だが、日本人ではなく中国人の経営で、すし屋とやきとり屋を兼ねているような、へんてこりんな店で、やきとり屋とはいうけれど似て非なるものだったそうだ。

そこで猪股さんは「日本人にしかできないものをやろう」と、フランス人の嗜好に合わせることなく、たれにしても焼き方にしても、日本的なものを意識した。結果、それでも受け入れられて自信となったそうだ。

つまり１９８０年代のパリで、すでに本格的な日本のやきとりはウケていたのだ。

２００８（平成20）年に大阪でオープンした「うずら屋」は、フランス料理店を営んでいた宮本幹子さんのやきとり屋ということで大きな話題となった。やきとり屋を選んだ理由を

「ウズラやカモ、ホロホロ鳥といったフランスならではの食材を気軽に楽しんでもらいたいから」と語る。現在、大阪の店はないが、宮本さんがプロデュースした「京都うずら屋」がその思いを引き継いでいる。

フランス料理で串焼きのことをブロシェットという。もともとそういう料理があるわけだから、小さく切った鶏肉を串にさして焼いた料理は、YAKITORIの言葉を知らずとも、ブロシェットということで受け入れられるベースはあったのだろう。

そして今や、店名にブロシェットとつけたやきとり屋もある。

飯田橋駅すぐ近くの、その名も「ブロシェット」は、フランスを意識した店づくりをしている。黒板には「かしわ焼き Cuisse et blanc de Poulet」「皮 Peau de Poulet」「相鴨 Canard」など、日本語とフランス語のやきとりメニューが並ぶ。フランス人のスタッフもいる。

「いつかフランスで日本のYAKITORIを広めたい」と語るのは、店主の保立薫さんである。銀座の老舗「鳥繁」の血筋だけあって、雰囲気はパリのビストロ風だが、やきとりそのものは王道をいく。おすすめの5本をあげるとすれば「せせり Viande de Cou」「手羽先

Ailes de Poulet」「相鴨 Canard」「つくね Boulettes de Viande」「レバー Foie de Pulet」だ。いずれも「鳥繁」らしさを感じさせる。締めはもちろんドライカレーだ。

アスパラガスはあるがベーコンは巻かない。チーズはあるが生ハムはない。「なぜならベーコンも生ハムも豚肉の加工品だから」と、保立さん。さすが、「とり屋はとりだけ」の主張もしっかりと受け継いでいた。

ホロホロ鳥のやきとり

レストランのとり料理といえば、先のブレス鶏のほか、カモ肉、ハト肉、ジビエのベカスなどがあげられるが、ホロホロ鳥を出すレストランもよく見かけるようになった。

ホロホロ鳥とは、アフリカのギニア地方が原産のキジ科のとりである。キジ科つまり鶏と同じだ。コクがあって肉質はやわらかくジューシーということで、ヨーロッパでも昔から広く食べられていた。日本で注目されるようになったのは、むずかしいとされていた飼育に、岩手県の石黒農場が成功させた功績が大きいだろう。

やきとり屋でもこのホロホロ鳥に注目した店がある。大塚「蒼天」だ。店主、中俣照昭さんは、フランス料理店で食べておいしいと思い、すぐに石黒農場に向かって取り引きしたいと交渉したそうだ。

「皮がやわらかいのですが、焼くとパリパリになります。でも焦げません。強いんですね。火を入れても、いやなブリブリ感は出ないです。ちょっと赤みが強いので簡単にいうと血っぽいのですが、その分、うま味があって酒にもよく合います」

と、中俣さん。

確かに、しっかりとした噛みごたえとうま味のあるやきとりは印象深い。コースにも組み込まれている。

「蒼天」出身者である渋谷「とり茶太郎」、四谷「おがわ」でも、ホロホロ鳥は焼かれている。

「おがわ」では石黒農場のホロホロ鳥と天城軍鶏のみを使用し、コースをメインに提供している。時折、ホロホロ鳥のみになることもある。「おがわ」で、やきとりの合間に出される一品はとても丁寧でやさしい味わいだ。しっかりした身質で攻めてくるホロホロ鳥の箸休め的な存在になっているようで心地よい。

ミシュランとやきとり

2007（平成19）年11月、フランスの『ミシュランガイド』が日本に上陸したときは驚いた。フランス料理の世界的な格付け本が日本にやって来たのだから。

1925年にフランスのタイヤ会社ミシュランが、地方のレストランガイドとして創刊し、やがて自国の誇りであるフランス料理を三つの星で格付けするようになった。それは食通たちの基準となり、フランスを訪れるグルメたちは『ミシュランガイド』片手にレストランを巡り、星付きのシェフたちが奏でる独創的で美しき料理の数々に酔いしれた。『ミシュランガイド』は、フランス料理のバイブルとなった。

その『ミシュランガイド』が、世界に類を見ないほどの食の多様性を持つ日本の料理界を、どうやって格付けするのだろう?

『ミシュランガイド東京版』の三つ星には、フランスがフランス料理を世界に誇るように、日本が世界に誇るすし店「すきやばし次郎」「水谷」が選ばれた。そして、ほかの多くのすし店にも星が付いた。

すし屋、そば屋、天ぷら屋、うなぎ屋といった専門店は、日本らしい文化だ。なぜならミシュランの国、フランスでは、ブーランジェリー（パン）、パティスリー（菓子）、ブーシェ（肉屋）、シャルキュトリー（肉加工品）といったジャンル分けはあるが、料理については、その店舗のスタイルでレストラン、ビストロ、ブラッセリーと分けるくらいで、あまり細かく分かれてはいないからだ。

日本の『ミシュランガイド』創刊号は、すしも天ぷらもうなぎもあるのに、やきとりがないことが残念だった。

『ミシュランガイド』を意識したと思われる『東京いい店うまい店』の1967（昭和42）年の創刊号にも「とり」のページがあるが、わざわざ「ここで、とり料理というのは、とり鍋屋のことで、焼鳥屋ではない」と注釈が入り、残念ながらやきとり屋はほとんど掲載されていない。

『東京いい店うまい店』創刊号と同じく、フランス基準ではやきとりは料理と認められないのだろうか。そう残念に思っていたところ、3年経った2010年に、ようやくやきとり屋も星付きで掲載された。

2010年版では、五反田「たかはし」、五反田「よし鳥」、錦糸町「とり喜」、銀座「バードランド」がいずれも一つ星だった。2014年版では、この4軒に北千住「バードコート」、神保町「蘭奢待」を加えた6軒が一つ星となった。

関西版では、2010年版も最新の2015年版も、大阪「あやむ屋」、神戸「鶏一途」

が一つ星である。

『ミシュランガイド』の採点基準はわからないが、本にはこう書かれている。

「一つ星、二つ星、三つ星を付ける際には、素材の質、料理の技術とセンス、風味の調和と明快さ、献立のバランスなど、いくつもの点が考慮されます」

星付きのやきとり店はいずれも、とりを焼くというシンプルなものに、何らかの料理的な複雑さが加わっていると思う。

そして、味以外でもいくつかのポイントが見えてきた。

あくまでも結果論であり、個人的な意見だが、なぜ一つ星を与えられたのかを考えてみると以下のようになる。

・店が美しく清潔感がある
・鶏肉は地鶏または銘柄鶏を使用
・焼きへの論理的な解釈ができる
・味つけにバリエーションと飽きさせない工夫がある

・お酒の種類が豊富
・一品料理が充実している
・コースもしくはお任せがある
やきとりも料理であり、やきとり屋も小さなレストランなのである。

再び、やきとん・もつ焼きブームも

やきとん、もつ焼きが下層の食べものとされていたのは明治、大正、昭和といった昔の話。平成に入ってから「ホルモンブーム」といわれるもつブームが起こったことは、記憶に新しい。

もつの垣根をいい意味で下げるきっかけになったのは「もつ鍋」だったと思う。もともとは福岡・博多の料理だが1992(平成4)年、東京に博多風もつ鍋店がオープンすると、安くてボリュームがあるもつ鍋は、バブル景気が崩壊して不況でお金にシビアになった時代ともマッチして、東京を中心に広く知れ渡るようになった。

単に安いからというわけではなく、肉にはない弾むような食感は楽しく、複雑な味わいがあり、おまけにヘルシーだということで女性客が注目したことも、もつ鍋の普及にはひと役買っただろう。ちなみにこの年、「もつ鍋」は新語・流行語大賞銅賞を受賞している。

また、フランス料理やイタリア料理が好きな人たちが、洗練された内臓料理に触れたことも、もつに対する抵抗感をなくしたと思う。そうしたレストランのメニューには、レバーのパテ、リ・ド・ヴォーのポワレ、バヴェットのステーキなどが並ぶ。それぞれ日本語に訳すと肝臓、胸腺肉、ハラミとなるが、おしゃれな響きとともに、もつの価値を上げた。さらにフランス料理店のもつ料理は、とにかく洗練されていて美しい。

イタリア料理のフィナンツィエーラもとても素敵な響きの料理名で、私の好きな郷土料理のひとつだが、いってしまえば鶏肉のとさかや砂肝、レバーなどを煮込んだ鶏もつ煮込みである。

こうして、もつに対する抵抗感がなくなると、そのおいしさは素直に認識され、「もつ焼きもおいしい」ということになる。

もつ焼きの名店、浜松町「秋田家」、麻布十番「あべちゃん」、立石「宇ち多」などでは、トレンドハンター的な若い男女が串をほおばる姿が珍しくない。というか、逆にそういうところに堂々と行ける女性は「自立してかっこいい女」と思われるくらいだ。

なかでも、ホルモンマニアの聖地とされる１９４６（昭和21）年創業の「宇ち多」に女性客が増えたことは、もつ人気の高さの何よりの証《あかし》だ。狭い店内にぎゅうぎゅうの客、おっさんたちに混ざっておしゃれな女性たちがうめ割片手にもつをほおばる姿は、確かにかっこいい。

〝売れる〟やきとりのスタンダードを識《し》る

2014年7月10日、ある店が、やきとり屋としては初めて東証ジャスダックに上場したというニュースが流れた。そのやきとり屋の名は「鳥貴族」。大阪、東京、名古屋を中心に280円均一のやきとりを提供するチェーン店だ。上場ということは、シンプルにいえば商売としてうまくいっている、ということである。黄色い看板に赤い文字で「鳥貴族」「280円均一」と派手に書いているのも「売るぞ!」という決意表明のように思えてくる。

鳥貴族の成功の秘密はなんといっても、すべての商品が280円(税別)均一という値段設定だ。創業は1985(昭和60)年で、1年後にはこの均一料金にしたという。

上場のニュースを受けて、さっそく鳥貴族の何店かをリサーチしたが、どの店もほぼ満席。「すみません、席が空きましたらご連絡いたします」と、満席どころか客があふれる店もあった。男女比は半々くらいで客層は若い。私がいつも行く店よりも1オクターブくらい高い声が店中に響いていた。チラホラと年配の客もいるが、みな楽しそうだ。

　人気の秘密はなんだろう。

　ドリンクを含め、店内のメニューがすべて外税で300円を切っているという価格の安心感だけではなく、店内のPOPに書かれた「国産鶏肉使用」「店内で串打ち」というこだわりの打ち出し方も効いている。「国産」「串打ち」は高級やきとり店だったらごく当たり前のことだが、低価格帯の店では珍しい。実際、多くの安いやきとり屋は、中国産だったり、工場で串が打たれたりしたものを店で焼いて販売している。そのイメージを覆し、精神的な安心感を与えられる影響は大きいだろう。さらに同店は、冷凍ではなくチルドで流通させ、鶏の鮮度も打ち出している。

「国産はオープン当初から守っていることですが、今の時代はより、それが安心という価値を持ってきました」

　とは「鳥貴族」の社長、大倉忠司さんだ。

　大倉さんは調理師専門学校の出身で、もともとはホテルのサービスマンだ。しかし、縁あってやきとり業界に飛び込み、最初から「チェーン店を作る」という目的意識を持ち、大阪の一号店から育ててきた。だから上場も、大倉さんにとっては想定範囲内のことだ。インタビュー時も何度も、日本一になりたい、世界一になりたい、という言葉が出てきた。かといって、某回転寿司チェーンの社長のようにギラギラしていることもなく、物腰静かな印象の方だ。

そんな大倉さんだから、なぜウケたのか？　という問いに対する淡々とした答えには重みを感じる。

まず、1985年当時、大阪でやきとり屋というとチェーン店が流行っていたが、同じことをしても競争になってしまうだけなので、まったく違うことをしようとしたそうだ。多くの店はオヤジ客ばかりだったので、反対に若者をメインターゲットにした。また、居酒屋といえば「なんとか助」とか「なんとか兵衛」という店名が多かったので、そうした響きとはまったく異なる「鳥貴族」とし、赤ちょうちんをはずし、ユニフォームはハッピや作務衣《さむえ》ではなくTシャツにした。さらに、女性客にも入ってもらいたいとサラダ料理を充実させ、サワー類も増やした。若者向けなのでボリューム感を出し、新メニューも積極的に取り入れた。

オープン時は250円の均一料金だった。当時の居酒屋の業態では300円が高いか安いかの分岐点で、ならば300円を切りたいと考えたからだ。その後、消費税が5％になった時点で280円に変更。今では消費税込みで300円を超えてしまうが、他店舗も消費税分は上がっているので感覚としては同じだろう。この価格だったら若者でも払える。それでいて、「国産」「フレッシュ」「店内串打ち」にはこだわった。若者でも、やきとり屋に集う客にとっては高い価値を持つと考えたからだ。

「チェーン店に対するマイナスの固定概念があって、最初の頃はそうしたこだわりもまったく認知されませんでしたが、それは自分たちの責任として積極的に発信していくことにしました。売るためというよりも、知ってもらってより安心して食べていただきたいという気持ちからです」

実際に「鳥貴族」を訪れたとき、そうしたウリが書かれたＰＯＰを見ると安心感はあった。正直、店内にペタペタＰＯＰを貼る店に対してあまりいい印象を持っていなかったが、そこに書かれた文言が与える心理的な影響は大きいことを実感した。そして「（２８０円なのに、チェーン店なのに）がんばってるね」と、温かい目で見てしまったことも事実である。

大倉さんが言うように、知ってもらうことは大切だ。ＰＯＰは、客にひと言添えるサービスマンの役割を果たしていたのである。これはひとつの合理化ともいえる。

「鳥貴族」の鶏肉はジューシーでやわらかい。安心・安全な養鶏場から日齢50日くらいのブロイラーを仕入れている。関東、関西、東海の各エリアで鶏肉の卸業者と契約し、もも肉、むね肉、ささみなどパーツで購入している。

それを店の厨房で規定のサイズ、重さに切って串にさす。これは社員やパートさんの仕事だ。完成したときの形や写真、グラム数などが表になっており、ベテランの指導員が「串は利き手に10本持って、角度はこのくらいで」といったように徹底的に指導するという。その点は完璧なマニュアルを用意している。現場の作業を重視するのは、鮮度と衛生面に対する配慮だろう。鶏肉は傷みやすいといわれているので、手でさわったらなるべく早く焼かなければならない。冷凍すればいいのだが、それはやりたくないというこだわりだ。

焼き台は、安定感のある電気の台を使う。焦がさないように、まんべんなく回転させながら均一に焼く。炭火は、慣れないと火加減がむずかしいので使わない。

こだわりのやきとり屋が〝こだわる〟部分を、合理化して再構築せざるを得ない部分はあるが、価格とのバランスを考えれば、ターゲットとする客のニーズには十分応えている。

客単価は２２００円くらいだという。言い換えれば、本格派をうたう客単価５０００円以上のやきとり屋は、一朝一夕ではできない技を磨き、価格とのバランスを考えながら自分でなければできないものを強くアピールしていかないと、こうしたチェーン店には勝てないということだ。

「鳥貴族」では、塩は独自にブレンドしていて、たれは一号店から継ぎ足している。新規オープンの際にはかならず、既存の店から集めてたれを作り、あとはセンターキッチンで作ったたれを送る。大倉さん曰く「生きたたれ」「一号店からのDNAを受け継ぐたれ」だそうだ。

塩もたれも、店の味の第一印象を決めるものだ。「ハンバーガーならマックといわれるように、やきとり屋なら鳥貴族といわれたい」と大倉さんは語っていた。マックと聞くとあのソースの味が浮かぶように、鳥貴族と聞くとあのたれの味が浮かぶ。それほど大事なものなのだ。

日本一のやきとり屋をめざすために、まずは国内2000店舗を目標にしているという。客単価2000円ちょっとの庶民の味方のやきとり屋は、今日も若者たちから「トリキ行こう！」といわれているはずだ。

一般的な低価格やきとり事情

こだわりのやきとり屋ばかり見ていても、日本のやきとり事情はわからない。ふつうのやきとり屋、居酒屋、デパート、スーパーマーケット、コンビニエンスストア、サービスエリア、屋台など、やきとりはどこにでもあるからだ。
総務省統計局では、5年ごとに消費者物価指数の割り出しの項目を見直し、「家計消費支出上重要度が高くなった品目」を追加しているが、2015年1月からの調査では、ロールケーキや調理ピザパイなどとともに「やきとり」が加わる。それだけ食べられているということだ。

こういったやきとりは、国産をうたうものもあるが、多くが輸入品だ。2013年の「鶏肉関係輸入実績」によれば、中国、タイ、ブラジルからの輸入量が圧倒的である。ただ、中国やタイは鳥インフルエンザが発生しているため生肉を輸入できず、加熱済調理商品として輸入されている。つまり、多くのやきとりは、中国やタイで串にさされ、加熱処理したものを日本で焼き直しているのだ。ブラジルは今のところ鳥インフルエンザが発生していないので、生肉市場を独占している(2014年11月現在)。

最近「ねぎまがない店は要注意」「形が揃い過ぎているものは冷凍品」などと書いている記事をよく見かける。チキンナゲットショック(2014年7月、中国の衛生管理が悪い工場で製造されたチキンナゲットが日本で多数流通した事件)があったので心情は理解できるのだが、それだけで危険か否かを判断するのはちょっと乱暴な気がする。

販売側がごまかすのは絶対によくないことだが、消費者も商品の背景をもっと知るべきだ。「やきとりでうそみたいに安いものが販売されていて、それは原価が安い海外からの輸入品であることが多くて……」という事情をわかったうえで、食欲と財布の中身を相談して食べるかどうかを決める、というだけのことだと思う。

個性派の登場――第三次やきとりブーム

２０１０（平成22）年を過ぎたあたりから、東京ではバルがブームになった。バルとはスペインの食のスタイルで、朝はコーヒー、夜は「タパス」と呼ばれる小皿料理をつまみにお酒が飲める、カフェと居酒屋が一緒になったような空間のことである。

日本のスタイルでいうと居酒屋に近いが、バルと呼んだほうが一気にライトな響きとなり、女性も行きやすい。やきとり＝タパスと解釈したような、バル風のやきとり屋も増えたように思う。

小さなバルに店主の個性が反映されるように、地鶏・銘柄鶏が一般的になったやきとり界でも、店主が自由な発想で作った店が、２０００年以降に出現し始める。それを敏感に察知したのか、「Ｈａｎａｋｏ」の２００６年４月27日号では、「ＴＯＫＹＯの和の最先端!?　焼鳥・寿司最新情報!」と題するやきとり特集をやっていた。

やきとり特集といえば、少々オヤジ度が増す食情報誌「dancyu」や「食楽」のものだと思っていたので驚いた。

この特集では「フレンチシェフが焼鳥にひかれる理由」と題し、駒沢の名店「ラ・プリムール」のシェフだった高橋祐二さんが開いた五反田「たかはし」に注目し、シェフらしいオリジナリティあふれるやきとりの広がりに注目している。また、「ワイン充実の焼鳥屋に行きたい」「名物炭火焼、串焼きとワインのマリアージュを研究」など、やきとり屋へのワインの浸透にもふれている。

さらに、「Hanako」の読者層である女性たち320名へのアンケートも興味深い。9割以上がやきとりが好きで、行くなら女友達同士で行きたいという。また、やきとり屋でのデートもありで、行きつけのやきとり屋も持っている。やきとりはもうおじさんたちだけのものではない、という宣言のような特集だ。やきとりを食べに行くなら福山雅治と一緒に行きたいというアンケート結果もあった。

「Hanako」の特集記事にもあるように、やきとり屋のワイン率はこのあたりからかなり高くなった。赤ちょうちんがよく似合う入船の「さくら家」にもワインがある。実際、ワインとやきとりはよく合う。ワインの隣にやきとりがあると、なるほど、バルのようだと思う。

若い客層と外国人を意識してのことだろうか、麻布十番にはワインリストが充実しているやきとり屋も少なくない。

人気店「鳥善　瀬尾」は、六本木「鳥長」の流れを汲む、勝どき「鳥善」出身の瀬尾博之さんが2003（平成15）年にオープンした店だ。修業先の技を伝承したきれいな串が印象的である。店内はすっきりしていて、BGMはジャズ。訪問時にカップルや女性連れが多かったのは当然のことだろうか。独立の際、修業先から分けてもらったという継ぎ足しのたれの味は清々しく、キャンティ・クラシコによく合う。

また「フレンチ焼鳥とワイン」をうたう麻布十番「Shaji」は、味つけがユニークだ。こしょうをきかせたり、バジルシードを塗ったりしたやきとりが出てくる。スパイスでアクセントをきかせたやきとりは、ローヌのしっかりした赤ワインにとてもよく合う。

2012年（平成24）年にオープンした根津の「76vin」は、もっともやきとり屋の〝今〟を感じさせる店だ。プロデュースをしたのは料理研究家の平野由希子さん。白を基調にしたナチュラルでかわいい店内は、やきとり→煙→汚れる→黒っぽい内装という定石に、あえて挑戦しているように思える。外から見ても店内に入ってもカフェ風だ。黒板に自然派ワインのラインナップを書くのも新しい。やきとりの味つけも新しい。岩手の「菜・彩・鶏」を使い、味つけの塩はゲランド産、たれは赤ワイン。クローブ、ローズマリーなどを加えてアクセントをつけたり、トリュフオイルを使ったり、クミンをきかせたり、ローズマリーと一緒に焼いたり……こう書いているだけで、やきとり屋の原稿であることを忘れてしまいそうだ。

「使い勝手のよい店であって欲しいな、ワインに合わせるとおいしいだろうな、毎日食べてもらいたいな、と考えるとこうなりました」

と、ニコニコ語る平野さんは自然体で、その雰囲気がそのまま店にも現れている。

こうしたスタイルの違いだけではなく、「締めのごはんがうまいやきとり屋」や「デザートのプリンが絶品」といった、やきとり以外のメニューで個性を打ち出す店も出てきた。赤ちょうちんの居酒屋風から老舗、そしてカフェ風、ビストロ風など、やきとり屋はどんどん多様化してきて、客たちも自分たちが求めるシチュエーションによってやきとり屋をアテンドする時代となった。もちろんそのベースとなるのは、いつの時代も「うまいやきとりを焼くこと」であることに違いはない。

第五章　やきとり名店学

六本木「鳥長」が挑んだ粋な店づくり

やきとりといえば、もつ焼き、屋台、ヤミ市、ガード下、横丁、路地裏、さらにそこに付随する、サラリーマン、煙もくもく、コップ酒、酔っ払い……。今でこそB級グルメといった視点からは価値あるキーワードばかりだが、一般的には上品とは言い難い時代が長く続いていた。

その結果、やきとり屋は長らく料理屋とは認められなかったわけだが、この認識を変えさせた一軒が「鳥長」だ。ベテランのやきとりファンたちからは「鳥長がやきとり屋の概念を変えた」と聞こえてくる、やきとり革命を起こした店のひとつだ。

「以前は現在のミッドタウンにあたる、元・防衛庁の正門の目の前にありました。粋な黒塀に囲まれて、石畳が敷かれていて。入口は障子を貼った板戸でした。当時は夜になると真っ暗になるんだけど、行灯《あんどん》風の灯《あか》りがともって。ここは六本木？　というほど趣のある雰囲気だったんです」

と、初代の故・長尾弘一さんの奥様で、現在も店に立つ信子さんは語る。

１９７５（昭和50）年の『カラー版　この店この味』に、黒柳徹子おすすめの店として「鳥長」の写真が掲載されている。店内の雰囲気は粋だ。カウンターにはタネケースがあり、チロリに入った日本酒と木彫りの一味入れが置かれている。清潔感あふれるすし屋のようである。

弘一さんの父親は元ボクサーで、引退後は明治座の地下で食堂を営んでいたそうだ。しかし１９５７（昭和32）年に火事にあったことがひとつのきっかけとなり、屋台を買って明治座近くでやきとり屋を始めたという。それが評判を呼び、今度は店を構えるようになった。

「義理の父親はとてもものを大事にする人でしたし、アイデアマンでもありました。鶏の産卵前の卵黄を最初に〝ちょうちん〟と名づけたのは、おそらく義理の父だと思います」

名字から一文字とって「鳥長」とした。実家のやきとり屋は大成功だったが、弘一さんは店を継ぐ気がなくて精密機器のメーカーに勤めていたそうだ。しかし不況によって依願退職。

知人の紹介で六本木にあったすし屋「鮨長」に勤め始めた。

１９６４（昭和39）年、３坪の「鮨長」を居抜きで譲り受け、やきとり屋を開店。実家がやきとり屋だからという理由と、これからは魚よりも鶏肉ではないか、というヨミだったそうだ。

「鳥長」のロゴは、「鮨長」の大将の親戚だという理由で、写真家の故・秋山庄太郎さんが書いてくれた。ほろ酔い気分で箸袋にスラスラスラッと書いたものだが、これが味のある文字となった。

「鳥長」のシンボルになっている木彫りの薬味入れは、夫婦ふたりで宮島に旅行した際にひと目惚れして仕入れたものだ。鈴の形をしたそれは、使えば使うほど飴色になって美しい。

「鳥長」らしさはまだある。いろいろ食べてもらえるように、ほおばらなくてもいいように、串にさす肉は小ぶり。火の入り方が違う肉と野菜は一緒に焼かない。ねぎまは置かず、ねぎはねぎ、正肉《しょうにく》は正肉と串を分けた。ただし、ねぎ焼きとは呼ばず、その姿形から「いかだ」と名づけた。レバーも「血肝《ちぎも》」と名づけた。洒落《しゃれ》っ気《け》がある。

そして、やきとり屋から煙を消した。焼き台からの排気をすべて床下に引くようにしたのだ。

味のある「鳥長」のロゴ

「店を設計するとき、主人はそのことを一番気にかけていました」

煙が消え、匂いも消えた。「鳥長」はやきとり屋のイメージを大きく覆した。上品な客が集い、場所柄、六本木野獣会の芸能人も集い、さらに女性たちも集まってきた。

現在の店は3軒目の移転先である。しかし変わらず、いい意味でやきとり屋らしからぬ雰囲気を醸し出している。

檜の一枚板のカウンターがドンと構えてあり、椅子は低めに設けられている。これは気楽な屋台の気分を出すためだそうだ。この低さが落ち着く。

基本的に強火で一気に焼いて油を落とさない。たれは初代から継ぎ足し、継ぎ足し守り続けてきた。焼いてきた本数がたれの味を作り、鳥長だけの味になっている。季節によって、客によって塩加減は異なる。こうした見えない心配りも初代からきっちり受け継がれている。「いかだ」「ちょうちん」「血肝」というネーミングと、鈴のような木彫りの薬味入れがカウンターにあれば、鳥長の流れを受けた店だと思って間違いない。

中目黒「鳥よし」、錦糸町「とり喜」には、「鳥長」と同じ一刀彫りの薬味入れがあった。

デートに使われた中目黒「鳥よし」

「鳥長での教えがあって、今がある」と語るのは、銀座、中目黒の「鳥よし」の主人、猪股善人さんである。

１９５０年に長崎で生まれた猪股さんは、上京し最初に「鳥長」を訪れたとき衝撃を受けた。清潔感あふれる粋な店に、これまでの「やきとり屋」のイメージを覆されたという。猪股さんはそこで修業を重ね、かっこいいやきとり屋とはどういうものかをインプットしていった。

先にもふれたが、「鳥長」に勤めていた猪股さんは、「ミヨシコーポレーション」の社長にスカウトされて、パリのやきとり屋を任された経験がある。10年間パリに住み、試行錯誤しながらパリの客を相手にし、日本とは異なる空気を感じながら、帰国後「鳥よし」を中目黒にオープンさせた。１９９５（平成7）年のことである。

最初の修業先である「鳥長」がそうであったように、温かみのある白木のカウンターをＬ字型に構え、タネケースを置いた。ただ大きく異なるのは、10年間のパリ生活がそうさせたのか、猪股さんはワインを置いた。今でこそやきとりにワインは定番となったが、やきとりと本格的なフランス産のワインを合わせたことは話題となった。

「パリにいたからいうわけではないけれど、やきとりに一番合うのは、僕はワインだと思う」とは猪股さん。

ボトルでブルゴーニュ、ボルドー・サンテミリオン、シャブリの3種類をまずは置いた。ワインの味を重たい軽いでいえば、少々軽め。ジビエなら重たいワインがいいけれど、鶏には軽やかなワインがいい。本当はロゼを置きたかったが、当時は満足いくものが見つからなかった。ロゼが

中目黒「鳥よし」

登場するのは後年のこととなる。
鶏肉は、肉質がしっかりしていてうま味が感じられる伊達鶏を選んだ。伊達鶏はフランス最高峰の鶏、ブレス鶏を目標に育てられたので、帰国直後の猪股さんにはしっくりきたのであろう。
それから20年。西麻布、銀座に店を広げ、修業した多くのスタッフも独立して店を出した。

目黒「鳥しき」、目黒「笹や」、学芸大学「鳥おき」の職人には猪股さんも一目置いていて、いずれも人気、実力とも高いレベルを誇る。「鳥心」のように、ニューヨークで活躍する職人が出るのも、インターナショナルな猪股さんらしい。

銀座「バードランド」〝シェフ〟の存在感

銀座「バードランド」

１９９３（平成５）年にフジテレビでスタートした「料理の鉄人」は、レストランだけでなくシェフにスポットを当てたユニークな番組だった。この番組以降、「○○へ行った」ではなく「誰々の料理を食べた」という言葉がよく聞かれるようになったと思う。

やきとり屋の場合は、たいてい店の名前で語られる。だが、銀座「バードランド」の場合、店名だけでなく大将の存在感も大きい。「和田さんのやきとりを食べたよ」。その人、和田利弘さんは、カリスマと呼べるほどの攻めの姿勢を見せてきた。今では当たり前となったやきとり屋のメニューのなかにも、地鶏、ソリ、レバーのパテ、カチョカバッロのチーズ焼き、ワインなどなど、和田さんが最初、といわれるものは少なくない。

和田さんがやきとり屋と縁を持ったのは、大学生の頃、西荻窪駅南口のもつ焼き屋「やきとり戎」でアルバイトを始めてからだ。才覚があり、すぐに店長を任されるほどだったという。アルバイトなのに、3カ月で売上を倍にしたという武勇伝を持つ。何をしたのかと聞くと、まずはとにかく、洗い方、注文のとり方、ビールの注ぎ方などをリズミカルにスピーディーにして、どんどこどんどこ、スタッフが元気よく動いている雰囲気をつくったそうだ。

「いらっしゃいませ！　どうぞ!!　と大声でいうと、それだけでまずはおいしそうでしょ。居心地のよさが一番大事なんじゃないですかね。おいしいものをやれば流行ると思ってちゃいけないいな、と」

店を始めると、売上の目標を立てるものだが、それよりも和田さんは手応えが欲しかったという。この「手応え」が彼の原動力だ。

「バードランド」の和田さんを語るとき、奥久慈しゃもは欠かせない。地鶏を用いたやきとり屋の草分けといえるだろう。

1987（昭和62）年、阿佐ヶ谷駅北口に「バードランド」をオープンしたときはブロイラーの全盛期で、店でもブロイラーを使っていた。しかしオープンしてすぐに週刊誌で地鶏の特集を見つけ、奥久慈しゃもの存在を知る。和田さんは奥久慈しゃもの産地である茨城県出身だ。父親が茨城県の農政部の職員だったこともあり、すぐに問い合わせをして、仕入れることにした。

地鶏のやきとりを焼いているところはほとんどない時代だった。なぜなら、地鶏は価格が高く、採算がとりにくいからだ。だが和田さんはこう考えた。

とてもおいしいトマトがあったとする。でもそれが1個300円だったら、原価30％のルールにのっとると、店では1個900円になってしまう。ふつうは有り得ない。でも500円で売れば、200円の利益が出ると考えればどうだろう。ブロイラーより高い地鶏を仕入れても、プラスいくらかの利益が出ればいいじゃないか――。こういう発想の転換をして、すぐに挑戦ができた。

さらに、奥久慈しゃもは冷凍でしか流通していなかったが、生で送ってもらうようにした。

1995（平成7）年に阿佐ヶ谷駅南口に移転後、2001年には銀座の今の場所に移転する。

和田さんが基本的に天邪鬼《あまのじゃく》であることも、〝らしさ〟の原動力だろう。

ボルドーやブルゴーニュが全盛のときも、自家農園の無添加ワインを仕入れるし、その品質に疑問を持つようになると、ローヌやアルザスを仕入れてみる。さらに、保冷コンテナで運ばれ、温度管理が徹底されたイタリアワインがいいと思っていたところ、コストパフォーマンスが非常によいチリワインに出合ってそれを置いた。でも「多くの店が単に安いというだけでチリワインを置いているからやめた」という。

やきとり屋でたまに見かける「ソリ」は「バードランド」発祥だろう。あるフランス料理のサービスマンが店に立ち寄った際、ソリレスの話を教えてくれた。ソリレスとは、ももの付け根の骨のくぼみに付いている小さな丸い肉のことで、骨からはずしにくい部位だ。だから、フランス語で「sot-l'y-laisse」＝「おばかさんは残す」という意味がある。

その話を聞いた和田さんは興味を持ち、さっそくソリレスをメニューにのせることにした。奥久慈しゃもを中抜きの丸で仕入れ、店で解体している和田さんだからこそ、すぐに対応できた。「ソリ」と名づけたところ人気が出て、今ではいろんなやきとり屋でよく見かけるようになった。

鶏レバーのパテをやきとり屋で出したのも和田さんの発案だという。聞けば、漫画『クッキングパパ』に登場したレバーパテがヒントになったそうだ。

ほかにも、炭上の焼き位置をずらしながら焼く方法、部位によって、または焼く前と焼いた後にも使い分ける塩使い、醤油、みりんへのこだわりなど、取材の度に、固定概念にとらわれず、「今、自分が考えるおいしさ」を求めて語る内容は、書き始めると本1冊では足りないほどだ。

「バードランド」の和田さんの姿勢は、後年、自分たちだけのやきとり屋をめざす個性的な店の登場に大きな影響を与えている。

そして和田イズムは、スタッフたちにも継承されている。北千住「バードコート」の野島康之さんや、千駄木「今井」、乃木坂「やきとり　心香」、新橋「ホップデュベル」なども、「バードランド」で修業を積んだスタッフが独立して開いた店である。

白金「酉玉」が火付け役、鶏のもつブーム

恵比寿3丁目の交差点近くの「酉玉」のメニューは圧巻だ。A4の紙に墨字と朱字で、串の案内が書いてあるが、とにかく希少部位といわれるところが多い。

そろばん／とっくり／おたふく／さえずり／ハツ／丸ハツ／心のこり／ガツ／おたふく・胸腺肉／えんがわ／背肝／小豆／銀皮／ふりそで／げんこつ／ひざがしら／カッパ／ベラ／

キンチャク／もみじ／ソリレス／おび／ちょうちん／みさき／ペタ／あぶらつぼ／アキレス

やきとり好きのなかにも、やきとり屋では内臓付きの鶏を一羽単位で買って、それを店でさばいていると思っている人がいるかもしれない。実際、昔はそうだったが、今は店で鶏をさばくには食鳥処理の免許が必要で、それを持つ店はごくごくまれだ（197ページで後述）。ほとんどの店は、さばかれた肉と内臓の部分を別々に買って、それを店のサイズに切り、串にさしている。

多くの食鳥処理場では、バキュームを使って内臓を肛門からグイーンと吸い抜くが、この「酉玉」は、基本的に手さばきの業者に頼んでいる。だから内臓も丁寧に扱ったもの、珍しいものが入るのだ。

白金「酉玉」の主人、伊澤史郎さんは、幼い頃から入船「さくら家」（67ページ参照）に通っていた。さばきたての、希少部位のうまさに幼少期から触れていた。

「さくら家」が原体験というだけあって、伊澤さんがやきとりに求めるものは極めてシンプルだ。鶏の鮮度、丁寧な解体、焼き名人、そしてやきとりとしての真っ当な価格——。だから、「うちはブロイラーです」と堂々と答えてくれる。

さらにもうひとつ、「酉玉」が求めているもの。

それは、いい酒、である。

酉玉の日本酒のラインナップは、石川「菊姫」、新潟「雪先花」、愛知「義侠」など、造り手の顔が見える銘酒が揃う。

特別なことをしないで、安く、気軽に、酒飲みにやさしい。やきとりがたどってきた歴史のいいところが、酉玉には詰まっている。

フレンチシェフのやきとり屋の元祖「萬鳥 Marunouchi」

浅草に「シェーブル」という店があった。現在は「ガンゲット・ラ・シェーブル」という名になったが、オーナーシェフ、田口昌徳さんは骨太のフランス料理を作るシェフとして知られていた。

その田口さんが2000年、同じ場所にやきとり屋を開いたときは驚いた。名前は「萬鳥」。萬はヴァンと読み、フランス語でワインの意味だ。萬屋の萬でもある。その名のとおり、フランス料理と同様、ワインを飲みながら自由にやきとりを食べて欲しいと願った店である。食べて飲んで2人で1万円が、価格コンセプトだ。

「やきとりもヴォライユ（鶏肉）のローストも僕にとっては同じ。でもフランス料理というと、とたんに息苦しくなってしまうでしょう。だから、そういうものをとっぱらった」

と、田口さんは言う。

肉を焼けばいいと思っていたので、別に異業種に変わった感覚はなかったそうだ。だから、やきとり屋では修業をしていない。ベースはフランス料理のテクニックである。

ただ、食べる側としてはかなりのインパクトがあった。なぜなら「仏産バルバリー鴨のやきとり」「仏産小鳩の炭焼き」「仏産フォワグラのたれ焼き」など、これまでのやきとり屋では見たことのないメニューが並んだからだ。

「パテ・ド・カンパーニュ」については、「これはオードブル。フランスが本家」とサラリと語る。

田口さんにとっては、「ソテー」「ポワレ」「グリル」「ブレゼ」などといったフランス料理の肉焼きのテクニックが、やきとり屋をやることで「炭焼き」に絞られたということだ。

フランスでは塊で焼くことが多い肉だが、肉を小さく切って串にさしても、いつもの肉焼きと同じように、高温で皮面をしっかり焼き、肉汁を閉じ込めることを意識したそうだ。高温の備長炭ならそれも問題なくできる。

ここまでフランス料理を意識したやきとりだと、肉ごとに異なるソースを用意するように思えるのだが、田口さんはそれをしなかった。なぜなら、これまで日本が培ってきたやきとりの本筋を変えたくなかったからだという。そのため味つけは塩とたれのみにした。

「萬鳥」は丸の内の新丸ビルに移転した。浅草時代と変わらぬバルバリー産、ドンブ産、フォワグラなどのメニューが並び、ワインは１００種類以上を揃える。

そして「フレンチ出身のやきとり屋さん」というフレーズも、よく耳にする時代となった。

豚もつでも「鳥」の文字。その意味を伝え続ける「鳥茂」

新宿の「鳥茂」に取材依頼をすると、酒巻祐史さんは言った。

「うちは鶏肉じゃなくてもつ焼きですけど、いいんですか？」

おそらくうんざりするほど、「鶏肉じゃないんですね」と言われているのだろう。逆に、今回はもつだからこそ話を聞きたいのだと伝えた。

「鳥茂」は1階2階を合わせてのべ80席以上あり、毎日2回転はする大人気店だ。酒巻さんは三代目で、初代の孫にあたる。

酒巻さんが初代、つまり祖父から聞いたオープン当時の話はこうだ。

初代は戦前、洋食屋に勤めていたが、復員後、洋食屋の仕事がすんなり見つかるわけもな

1951年に新宿駅南口近辺に開店した「鳥茂」（写真中央）

く、まずは老夫婦がやっている目黒のやきとり屋に通った。洋食の心得があったからすぐにコツはつかめたようで、自分でもできるだろうと、元手がかからない屋台のやきとり屋を始めた。１９４９（昭和24）年のことだ。屋台は新宿駅の南口辺りに出していた。

材料はまだ配給制で、鶏肉は手に入らないから知人を頼って芝浦にもつを仕入れに行った。もつならＯＫの時代だ。酒も販売禁止だったから、ホーローのやかんに入れて「茶」といって出していたそうだ。もつ焼きと「茶」はかなり売れた。

やがて１９５１（昭和26）年に同じく新宿駅の南口近くに店を構え、２度の移転を経て現在の店舗となった。

もともと料理人というプライドもあり、初代の仕込みはとにかく丁寧だったそうだ。ひと工夫を凝らした一品も、とにかく「うまい」と評判を呼んだ。その仕込みは、屋台の配給時代はさておき、店を構えてからはずっと変わっていないという。そのこだわりが見える一品が「つくね」だ。牛、豚、鶏の合い挽きを使い、たまねぎのみじん切りを加えてこねるのは、洋食のハンバーグからの発想である。このつくねをピーマンに詰めた「肉詰めピーマン」の串焼きは、初代曰く「鳥茂」が最初に始めたものだそうだ。

「鳥茂」の現在の店舗

お通しとして出す「小袋とねぎの和え物」や、ねぎ、にんにくなど薬味をたっぷり使ったたれをかける「レバさし」も、当時から変わっていない。

初代は焼酎を置かなかったそうだ。当時は下等の酒といわれていたからだ。「うちは肉を食べさせる店だから」と初代はいつも言っていたという。

三代目となって加えたものはあるが、客のニーズに応じてプラスしているだけで変えたものはない。初代から信用だけは裏切るなと言われたからだそうだ。

戦後の混乱期に生まれた牛と豚のやきとり、そして一品料理を守ることこそが「鳥茂」の信用である。

大阪で時代をつくったふたつの名店――「二和鳥」「あやむ屋」

意外に思われるかもしれないが、大阪におけるやきとり屋の歴史は新しい。なぜなら、大阪で串といえば、串カツのほうがポピュラーだからである。

法善寺横丁でしっぽりとしたやきとり屋を営む「二和鳥」は、もともと別の場所で割烹を営んでいた。しかし戦後、知人から東京でやきとりが流行っていると聞き、初代の片野英夫さんは東京・銀座の「鳥長」に修業に出て、戻ってから今の場所に「二和鳥」を開店した。だがそこは串揚げ王国。「やきとりなんて……」と、見向きもされなかったそうだ。

だが、修業で得た丁寧な仕事と何よりやきとりのおいしさを感じた初代は、自分が信じた味を出し続けたという。それがやがて認められるようになり、二代目の裕之さんに受け継がれた今もスタイルは変わらない。裕之さんも同じく銀座「鳥長」で修業をした。

食鳥処理衛生管理者資格を持っているので鶏は丸で仕入れ、店でさばいたものを串にさして提供している。扱う鶏は、但馬《たじま》産の地鶏である。

創業以来継ぎ足しをしているたれを使う。レバーと玉ヒモ以外は、鶏を味わってもらいたいので、基本的には塩だ。つなぎを使わず麻の実を加える「つくね」は銀座「鳥長」仕込みだろう。

関西で評判のやきとり屋には「二和鳥」出身も多いと聞く。裕之さんに確認すると兵庫・夙川の「鶏天」、大阪・門真の「西丸」、大阪・寺田町「がむしゃら」、大阪・本町「森田」の名前をあげた。わざわざ行きたいやきとり屋が、関西にも確実に根づいている。

とはいえ、大阪ではやきとりは大衆料理のひとつという認識が強く（実際そうなのだけれど）、それが居酒屋、チェーン店という形で根づいているようだ。

「あやむ屋」は、そうした流れに一石を投じた一軒だ。関西人はこだわりを持つと徹底的にこだわる気質があると思う。ノーベル賞に京都大学出身者が多いのも、その気質によるものかと思うくらいだ。

「あやむ屋」の店主、永沼巧さんは、会社員時代を経て１９９８（平成10）年に同店をオープンした。私は東京在住だが、永沼さんの勉強熱心ぶりは早くから聞こえてきていた。

15席の店内はいつも満員で、永沼さんひとりで焼く。焼いている姿は仁王立ちで少々怖い。

野暮とは思いつつ、黙々と焼いている間に何を考えているのか聞いてみた。整理するとこうだ。

まずは当たり前だが目の前の鶏のこと。ちょっとの油断でダメになってしまうので、客の食べるスピードに合わせた焼き上がりのタイミングを考える。だから焼いている間は常に客席を見ているという。

すし屋の客の適正な数は、客への気配りを考えると両手の指の本数まで、つまり10人までとはよくいわれることだが、永沼さんの場合も15名がマックスなのだろう。

永沼さんのいう理想の焼き上がりは、たとえばささみならレアにする。表面が一瞬プクッと膨れたときができあがりの合図だという。レバーもレアだが、もうちょっと火を入れる。だが入れ過ぎない。その加減の妙が腕の見せどころだ。ねぎまのねぎは甘味を出し、もも肉は脂を落とさないようにミディアムレアにする。首肉やむね肉の皮など脂身を多めに入れたつくねは、まずは強火で、そして回しながら肉汁を落とさないように包むように焼き上げる。

塩は何年も試行錯誤していて、今も変わらず勉強しているが、まずはフランス産カマルグの塩でしっかり味をつけ、仕上げには対馬の赤島の塩をふる。この赤島の塩は完全天日干しで夏しか作られない貴重なもので、味はやさしく甘味もある。酒を飲んでいる客にはやや多めにするなど、この最後の塩ふりで調整する。

味つけは塩こしょうが基本だが、内臓類やつくねにはたれを使う。

このたれも初めて聞くような作り方だ。日本酒、ワイン、シェリー、マルサラ、カルバドス、紹興酒などいろいろな酒を入れ、サトウキビの搾り汁で甘味をととのえる。たれにこれだけの種類の酒を加えるのだ。実際、「あやむ屋」は酒の種類も多い。

永沼さんは20年くらい前に、客としてやきとり屋に行っていた頃から、やきとりに合う酒を求めていたそうだ。だから客として通っていた頃も「皮だったらビールだな。ささみだったら日本酒で、ねぎまだったら脂を感じるから焼酎で、たれを使うものには赤ワインがいい」と考えていたという。個人的には、ワインなら白のブルゴーニュ、たれものには赤ワイン、日本酒なら燗酒がおすすめとのこと。

永沼さん曰く、いいやきとりとは「いい仕込み、いい味つけ、いい焼き方。以上」だそうだ。それが、1＋1＋1＝3ではなく5になるイメージでやきとりに向き合っているという。「やきとりに合う」という理由から丹波地鶏を使っているが、一般的なブロイラーを否定することもない。すし屋に回転ずしから高級ずしまであるように、やきとりにも選択の幅があってもいい。そして、そうしたブロイラー肉でも、もっとおいしくするコツはあるはずなの

目黒「鳥しき」

で、そうした努力をする業界であって欲しいと語る。
　研究好きの前に、根っからのやきとり好きなのだ。『ミシュランガイド関西２０１５』でも評価されていたが、当然のことだろう。

ハレのやきとり「鳥しき」が大切にする客との〝間〟

「予約がとれなくてすごい人気ですね」と言うと、店主の池川義輝さんはちょっと複雑な表情をする。なぜなら、うれしい悲鳴ではあるが、やきとりは食べたいときに食べてもらうものだと思っているからだ。しかし「鳥しき」は『ミシュランガイド東京版』で一つ星の評価を得ているし、食べログの得点は全国的にもいつも上位。席数にも限りがあるので、予約をしても3カ月待ちになるのはやむを得まい。
　池川さんは中目黒「鳥よし」の出身だ。名前に「鳥」とつけたこと、コの字型の白木のカウンターを置いたことはその証である。やきとり屋をやりたい！　と決心してから１００軒以上を食べ歩き、もっとも衝撃を受けた「鳥よし」を修業先に選んだ。１９９９（平成11）

年のことだ。

当時、池川さんが知っていた多くのやきとり屋は、おじさんという雰囲気の男性の集まりの場だった。それに対して、「鳥よし」に来る男性客はフォーマルなスーツをビシッと決めてしっかり女性をエスコートできる。外国人客もいる。その雰囲気がとてもよく、そういう店をやってみたいと思い、「鳥よし」の門を叩いた。

「やきとり屋というより、おすし屋さんみたいでした。カウンターごしのオープンキッチンだし、煙がモクモクということもない。何より、お客さんと〝間〟をとりながら焼いている姿勢に惹《ひ》かれました」

テクニックや味もさることながら、やきとり屋が醸す空気感との相性で修業先を選ぶのは理解できる。教科書にはのっていないし、教えてもらっても一朝一夕にはできないものだからだ。おそらく肌で感じようとしたのだろう。

実際、修業に入ってからしばらくは「追い回し」だった。要は使い走りのことだが、池川さんは追い回しをしながら、客たちが「鳥よし」でどのように楽しんでいるのかをじっと観察していた。やきとりを通して自分ができることは何かをずっと考えていたのだ。

4年目に焼き場に立ってからも、焼きだけではなく、客との〝間〟を感じながら焼くことを大事にしていたという。

「日本の文化は〝間〟にあると思います。歌舞伎も、落語も、すしも、天ぷらも。客と間が合わないとしらける。やきとりでも、そこを大切にしたい」

池川さんは何度もこう言った。幸せな食事をしてもらうために、自分は何をすればいいかを考えたら、自然と今のスタイルに落ち着いた。

使う鶏肉は「鳥よし」と同じ伊達鶏。味もさることながら、安全で健康的な鶏なので安心して提供できる。食鳥処理の資格を持っているので、中（内臓）入りの丸で仕入れて解体し、大きめに切ってから串に打つ。効率よく美しく焼き上げるために、仕上がった串の形は長方形に整える。営業時間中に、炭を継ぎ足すことなく安定した火力にするため、炭火をカナヅチで叩きながら隙間なく詰める。

炭を継ぎ足すことなく安定した火力を得るために、炭火をカナヅチで叩き隙間なく詰める

基本的にはお任せのコースである。初めての客でもリズムを見つけやすいからだ。焼き台と向き合いながら、五感を働かせ、客の食べるタイミングを見極めて焼く。

今後のテーマを聞くと、少し考えてこう言った。

「やきとりには季節感がないので、店に季節の花を飾り、もっと旬の野菜を取り入れたい」

まるで旅館のようなもてなしの心だ。それが人気の秘密でもある。

第六章　やきとりご当地学

ご当地やきとりの存在感

17世紀の江戸の文献に「やきとり」が登場してから4世紀近くが経ち、やきとりはいつの間にか全国各地に根づいた。いや全国各地というより、もっと細かく見れば各家庭、各人の食生活にどっぷり浸透している。やきとり屋や居酒屋はもちろん、コンビニエンスストア、スーパーマーケット、デパート、サービスエリア、屋台などなど、さまざまなエリアでやきとりは販売され、ときに酒の肴として、ときにおやつとして、ときにおかずとして食べられている。そう、食べ手によって「顔」が決まるのがやきとりなのだ。そしてまた、それを許してくれるのもやきとりなのである。

そんな包容力のあるやきとりだから、うどんに濃口、薄口、味噌味があるように、あるいは雑煮にいろいろあるように、実はその地方ならではのやきとりがある。肉の種類、部位、焼き方、食べ方など地方独自の発展を遂げ、主張をしているものがあるのだ。それが「ご当地やきとり」といわれるものだ。

その存在を知ったのは、テレビから時折流れていたやきとりに関するニュースによってだ。豚肉にからしを添えたものがあったり、やきとりの前にかならずキャベツが出てきたり、甘いたれがあったり……。日本各地には、鶏肉を串にさして焼いてたれや塩をかけて食べる一般的なやきとりとは違うやきとりがあるのだと、なんとなく頭には入ってきていた。

それが一気に整理できたのは、２０１３（平成25）年、大手町に「全や連総本店　東京」がオープンしたお陰だ。

全や連総本店では、「7大やきとり」と称する、北海道の美唄《びばい》と室蘭、福島、埼玉県の東松山、愛媛県の今治、山口県の長門、福岡県の久留米の7つの街のやきとりを食べ比べることができる。

ところで、なぜこの7つに絞ったのだろう。

全や連総本店を運営している東松山のやきとり屋「ひびき」の社長、日疋好春さんにオープンまでの経緯を伺ったところ、２００５（平成17）年に、全国のやきとりで有名な町が集まって「やきとりサミット」を開催したのが始まりだそうだ。

このサミットでは、各地のやきとりの特徴やＰＲ活動を報告し合ってそれぞれの地域の活性化につなげるとともに、やきとり文化を広めていこうという見解でまとまったという。このサミットに参加したのが、室蘭、福島、東松山、今治、久留米の５カ所。さらに、サミットをきっかけに「全国やきとり連絡協議会」が設立され、そこに美唄と長門が加わって７カ所となった。これらの活動には、地域の活性化だけではなく、大衆料理のイメージが強すぎるやきとりの世界にもっと夢を持たせ、世界に通じる食文化に築き上げていきたいという願いがあるという。

７つの街それぞれのやきとりの特徴にはあとでふれるが、本当のところ、ご当地やきとりはもっとたくさんあるような気がする。

そこで、ご当地やきとりに詳しい、全や連総本店の名誉館長でありフードジャーナリストのはんつ遠藤さんに話を聞いた。

ご当地やきとりというものを、あえて定義づけすれば、以下の４つの条件を満たすものになるという。
①大きな特徴があること

②町にやきとり屋の軒数が多いこと
③自然発生的に出来上がったものであること
④リーダー的な店があること

全国のやきとり屋をまわっている遠藤さんによれば、これらの条件を文句なしに満たしているのは、先の7つの町であり、これらを「7大やきとりの町」といっても間違いはないという。ただ、遠藤さんは、もう1カ所を加えた8大やきとりもイメージしているようで（後述）、あくまで、日本各地にはほかにおもしろいやきとりがあることを前提にしたうえでの発言である。

今治と室蘭のやきとり日本一バトル

ご当地やきとりがテレビなどで取り上げられるきっかけとなったのは、日本一のやきとりの町宣言である。静岡県・浜松市と栃木県・宇都宮市が「日本一の餃子の町はどこだ?」と争っているように、「日本一のやきとりの町はどこだ?」という話題が盛り上がったことがあるのだ。

そのきっかけは、1999（平成11）年に愛媛県・今治市出身の土井中照が書いた『やきとり天国』という本だ。土井中は、タウンページに掲載されたやきとり屋の数を地道に数え、今治が「人口に対するやきとり屋の数」が多いことを発見した。実はその数え方では、当時の一位は埼玉県・東松山市であったが、今治を日本一にしたい土井中は、「鶏肉を使ったやきとり」の日本一として今治を取り上げたのだ（後述するが、東松山のやきとりは豚のカシラ）。それをマスコミがおもしろがり、テレビなどで「今治市はやきとり日本一の町」と紹介する。それを自治体も後押しした。

こうなると黙っていないのが、〝やきとり屋〟の軒数が多い東松山市……ではなく、北海道・室蘭市であった。東松山はタウンページに居酒屋と申請する人が増えたのだろうか、人口に対するやきとり屋の数は室蘭のほうが多くなり、そのタイミングで室蘭は「やきとり日本一」と広報誌「広報むろらん」で宣言した。２０００（平成12）年のことである。

結局どこがどう日本一なのかはよくわからないが、間違いなく今治と室蘭はやきとりの町であり、「7大やきとりの町」でもある。

今治のやきとりは、先の条件の「①大きな特徴があること」を満たしている。

今治やきとりは串にささっていない。鉄板で鶏の皮を焼く。鉄板で焼いたあと、重しをのせて蒸し焼きにする。広辞苑のやきとりの定義でいえば「串をさしていない」ことが気になるが、地元の人たちがこれを「やきとり」と言っているのだから、やきとりなのだ。

『やきとり天国』によれば、１９６０（昭和35）年開店の「五味鳥」の主が、大阪で鉄板焼きのレンコンを食べて、このスタイルを思いついて始めたそうだ。造船の町として知られる今治には鉄工所が多く、注文に応じて鉄板の焼き台を作ることができたという背景もある。

今治の人たちにとって皮がやきとりの定番で、店に入るとまずこの皮を注文する。そして締めに「せんざんき」と呼ばれる鶏のから揚げを頼む。「せんざんき」という不思議な響きの名前の由来は「肉を小さく切ることから千斬切《せんざんき》説」「中国料理の鶏のから揚げである軟炸鶏《エンザーチ》または清炸鶏《チンザーチ》の読み方から説」などがある。

皮焼きで始まり、せんざんきで締める。これが今治のやきとりのスタイルだ。

室蘭のやきとりの基本は、豚ロース肉だ。豚肉と豚肉の間に北海道産のたまねぎをさし、皿の端にピッと洋がらしをつける。これが「室蘭やきとり」である。

室蘭は１９０９（明治42）年以降、鉄鋼業に支えられて繁栄してきた。鉄鋼業に従事する人々が、酒とつまみと憩いを求めてやって来たのが、やきとり屋だ。ブロイラーが導入されるまで、室蘭でも鶏肉より豚肉のほうが、さらに豚のもつのほうが安かった。

室蘭では、1937(昭和12)年からの日中戦争時代、食糧増産のために農家が豚を飼うようになった。また1939(昭和14)年には、軍靴の原料としての皮のために養豚が奨励されるようになった。そのため、室蘭では屋台に豚のもつがよく登場するようになった。東京と同様、室蘭も豚もつからのやきとりスタートだ。その後、豚ロース肉が普及するようになったが、ねぎではなくたまねぎをさすのが北海道らしい。

先の「広報むろらん」には、室蘭でもっとも古いやきとり屋「鳥よし」の主、小笠原光好さんの話が出ている。小笠原さんの父親は1933~34(昭和8~9)年頃、屋台から店をスタートしたという。記事のなかでは「なぜたまねぎか?」という問いに対し「長ねぎは高いし使うところが少ない。たまねぎは一個でやきとり何十本分もとれるでしょう。北海道はたまねぎの産地で、手に入りやすかったし」と答えている。

室蘭やきとりの人気店のひとつといえば「一平」だろう。1951(昭和26)年創業、現在の店主、石塚和義さんは二代目だ。

午後5時のオープンとともにすぐに満席。3人以上でないと予約を受け付けないので、開店と同時に入店という気合いが必要だ。ただ、1人ならカウンター席がポンと空くことがある。カウンターには大きな蓄音機があり、店内にはジャズが流れている。その向こうには、2人体制の焼き台で、やきとりがどんどん焼かれている様子が見える。そのライブ感が楽しい。

メニューを開くとトップに「やきとり」とあり、そのすぐ下には「豚」とある。精肉、トントロ、シロ、タン、ハツ、レバーと続き、その後が「鶏」の項目となる。やきとり屋だが、鶏よりも豚が先なのだ。いわゆる「室蘭やきとり」といわれるのは、精肉――豚のロースである。やわらかい豚ロースにつややかな甘いたれがからんだ姿は、やきとりにそっくりだ。

洋がらしが添えられているが、かつてやきとりの屋台ではおでんも出していて、おでんに添えられた洋がらしに豚肉のやきとりをつけて食べたらおいしかった、という理由で広まったそうだ。串にさして炭火で焼き、みたらし団子のたれのようなつややかな甘いたれで仕上げた豚ロース肉に、洋がらしはとてもよく合う。

もつミックスの美唄やきとり

北海道というと、広々とした牧場で育てられた牛や羊といったイメージがあるが、養鶏も盛んだ。農林水産省が公表した畜産統計（平成26年2月1日）によると、ブロイラーの飼養羽数は宮崎、鹿児島、岩手、青森についで5番目である。その歴史は本州と同様、戦後、アメリカからやって来たブロイラーの隆盛と重なっており、それほど古くから行われてきたわけではない。

北海道は石炭の採掘地で、日本の貴重なエネルギー資源として、明治、大正、戦前・戦後の日本を支えてきた。戦後は復興のための原動力となり、1970年代に石油資源が入ってくるまでは盛んに採掘されていた。

北海道の美唄は、三菱・三井の大きな炭鉱の町として栄えた。重労働でお腹《なか》を空かせた炭鉱夫たちの憩いの場として、1953(昭和28)年、三船福太郎という人物が「三船」というやきとり屋台を開業した。ブロイラーの養鶏が始まった時期と重なるが、三船は卵を産まなくなった鶏を使い、さまざまなもつをさした「もつ串」を作った。これが安くてうまいとヒットした。仕事の合間を縫って農夫や炭鉱夫たちが集い、酒を一杯やりながら、このもつ串を食べるのだ。

後に「美唄やきとり」として町おこしの産品としてひと役買う「もつ串」だが、美唄でこの串を売り物にしている店は、すべて「三船」にたどり着くという。札幌市内にも多数展開し、銀座にも店舗を持つ「福よし」は、三船福太郎の御子息が初代である。

美唄駅から徒歩5分の「たつみ」は、現在の店主、藤本和己さんの先代が「三船」で修業し、１９６８（昭和43）年にオープンした店だ。

「たつみ」は午前11時から午後9時までぶっ通しで営業している。昼からやきとりを食べる人はそれほどいないだろう、と思うのは甘い。オープンから満席なのだ。店のサイズに合わせて作ったであろう３ｍもの焼き台で、どんどんもつが焼かれていく。お土産用や宅配便用もある。

「びばい焼き鳥組合」の組合長を務める藤本さんに、美唄やきとりの定義を伺った。

この定義は、三船福太郎が最初に作った串そのものである。

美唄「たつみ」の長さ３ｍにもおよぶ焼き台

大事なのは、一串で皮やもつの各部位が楽しめるものであること。基本的には、まず皮をさし、たまねぎをさし、もつを2～3種類さし、たまねぎをさし、もも肉をさしてできあがりだ。このたまねぎは北海道産がマストである。そして、炭火で中火の遠火で焼かれる。中にじわじわと火が入り、ジューシーに焼き上がる。

「もともとはもったいない精神だと思います。一羽を丸ごと使い切るためにいろいろな部位をさしたんです。ハツ、レバーみたいに単品にすると、ロスが出る可能性もありますからね。それを避けたのでしょう」

と、藤本さんは語る。

仕事の合間を縫ってやって来た農夫や炭鉱夫たちは、まずは鳥刺しと、もつ串を10本以上頼む。地元の人間は「10本以上！」が常識なのだそうだ。もつ串の焼き上がりを待つ間に鳥刺しをつまみながら酒を飲む。焼き上がったもつ串をほおばりながら、締めのそばを頼む。北海道はうどん文化圏ではなくそば文化圏なのだ。ただ、そばが来る頃にはもつ串が冷めているので、温かいそばにのっけて食べる。これは「もつそば」となる。

ところで、美唄には「とりめし」という郷土料理がある。美唄のやきとり屋にはかならずといっていいほどこの「とりめし」がある。祝い事のときや遠来の客が来たとき、飼っていた鶏を絞めて作っていたそうだ。鶏がらでだしをとり、内臓も入っている。

「とりめし」に「もつ串」に「もつそば」。美唄とやきとりをつなぐ100年のストーリーは味わい深い。

地鶏・銘柄鶏をごく普通に味わう——福島市と長門市

福島はいわき市を中心とする「浜通り」、福島市、郡山市、白河市を中心とする「中通り」、会津若松、磐梯山を中心とする「会津地方」の3つの地域に分けられ、食文化にはそれぞれ違いがある。ご当地やきとりは「中通り」の福島市を中心としたムーブメントである。

地方の庶民的なやきとり屋は、たいていブロイラーの若鶏が登場し、名物オヤジや親しみやすい店構えが郷愁をそそるというスタイルが多いように思う。しかし福島市内の庶民派やきとり屋では、東京では高級鶏とされる「川俣シャモ」や「会津地鶏」といった地鶏や、「伊達鶏」といった銘柄鶏がごく普通に焼かれている。味つけや焼き方に関してはこれといった特徴はないが、この〝ごく普通〟にある地鶏、銘柄鶏が、その土地ならではのやきとりを感じさせる。

山口県・長門市も銘柄鳥「長州どり」「長州赤どり」が庶民派のやきとり屋にふつうに置いてある。「焼とりや　ちくぜん」の青村雅子さんによれば、車で15分も行けば養鶏場があるそうで、そうした生産者との密な関係も地方ならではの魅力だ。朝絞めた鶏が昼には店に到着する。生産者のこだわり部分をダイレクトに聞くことができ、それを客にもさりげなく伝えることができる。

さらに、長門市のやきとりには大きな特徴がある。それはガーリックパウダーをかけることだ。

良質な肉なら、ガーリックパウダーをかけないほうが持ち味を生かせていいのでは？　と青村さんに意地悪な質問をしてみた。すると「長門市では昔からそうですからね。変える必要はない」との返答。長門市のほぼすべてのやきとり屋にガーリックパウダーが置いてあるという。おそらく長門市の人たちも、どうしてなのかは知らないだろう。いつの間にか、おいしかったから置いてあった。地方に根づく味はそれでいいのだ。

東松山の豚のカシラ肉やきとり

東松山「やきとり　ひびき」社長の日疋さんは、東松山やきとりのＰＲに努めるひとりだ。やきとりに限らず、ご当地ものはなかなか全国に知られる機会はない。なぜなら、自分たちはそれがふつうだと思っており、わざわざ人に話したりしないからだ。よって外に知られることもない。

しかしここ数年、ご当地文化を紹介するテレビ番組が人気を博し、ブログやツイッター、フェイスブックなどのＳＮＳによる交流で、自分たちの食習慣がほかと違うことを客観的に知る機会も増えた。よそと違うのだから、それを観光の目玉にしようという動きが出てきて町おこしにもつながる可能性もある。

以前、さまざまなイベントのプロデュースを手がけていた日疋さんは、仙台へ出張に行った際、牛舌がご当地グルメになっていることに非常におもしろさを感じた。故郷である東松山市にも何かないかと考えていたとき、知人とやきとりの話になり、自分たちのやきとりが知人のそれとは違うことを知った。ＳＮＳの交流からではないが、外部の人に故郷の食習慣のユニークさを指摘されたわけである。

何がユニークだったのかといえば、やきとりなのに鶏肉ではなく、豚カシラ肉を串にさし、甘くてピリ辛の味噌だれをつけて食べるというものだったからだ。東松山市では、どこの居酒屋でもスーパーマーケットでも、やきとりといえばこれだった。明治から昭和にかけて、やきとりといえば豚もつが多かったという歴史と重なる。

東松山市のホームページによれば、実はこのエリアには食肉センターがあり、新鮮なカシラ肉、つまり豚のホホ肉とコメカミ肉が比較的容易に手に入ったようだ。これを安く仕入れることができた「大松屋」というやきとり屋の初代が、昭和30年代に屋台で焼いたことが始まりだという。

「大松屋」の主もそうだが、このエリアには韓国出身の人たちが多く、もともと豚肉にコチュジャンのような辛い味噌をつけて食べていたということで、今のような味噌だれが一般的に広まっていったようだ。この味噌だれは各店によって個性があるが、基本的には味噌をベースに、トウガラシやにんにく、ゴマ油、みりん、果物、スパイスなどをブレンドして作られる。

豚のカシラ肉に味噌だれという組み合わせがユニークなものならば、町おこしになると思った日疋さんは、川越市のあるイベントで「東松山やきとり」と銘打って販売してみた。これがウケた。続けて土日のみに販売しても、やはり売れる。そこで思い切って「やきとりひびき」を開店した。看板には「名物」と書いた。１９９５（平成７）年のことである。

実は日疋さんの祖父は和歌山県出身で、戦後、東松山で養鶏・養豚場を経営していた。さらに父親の代では、やきとりの加工場を経営し、東松山市内のやきとりを扱う店におろしていた。１９９０（平成２）年に廃業したが、そうした背景も日疋さんを後押しした。

現在、日疋さんは埼玉県物産観光協会の理事を務め、町おこしに積極的に参加している。また、シンガポールや上海、パリにも支店・支社を出している。実は日疋さんの父親は、昭和50年代に埼玉県産の畜産物を海外に輸出し、外貨を獲得することで地域経済に貢献しようと尽力していたという。40年経って、日疋さんがその志を受け継いだということだろう。ご当地やきとりの可能性を感じさせる。

久留米に見る風土と屋台とやきとりと

屋台といえば福岡で、やきとり屋台も数多い。福岡のやきとりのスタイルは「キャベツに酢だれ」をかけること。「信秀本店」がその元祖といわれている。しかしご当地と呼ぶには街が大き過ぎる。ここは同じ福岡でも東の久留米市に注目してみよう。

やきとりの通人たちのなかには、7大やきとりという言葉は知らなくても、やきとりといえば久留米に行け、という人は多い。やきとり日本一は久留米だという説もある。「やきとり屋が多い」「屋台がおもしろい」「ドイツ語のメニューがある」「馬肉がある」「何をさしてもやきとり」「酢だれがかかったキャベツが出てくる」など、確かに久留米やきとりにはそそられるキーワードが満載だ。

やきとりの背景として押さえておきたいのは、久留米はゴムの町であり医療の町であるということだ。久留米はブリヂストンのお膝元で、JR久留米駅を降りると目に入る直径4mの巨大なタイヤは、町のシンボルだ。

また、1928（昭和3）年に開校した九州医学専門学校は、現在の久留米大学医学部の前身であり、この開校がきっかけとなって医療が栄えた。今では市内には33の病院と300を超える診療所など多くの医療機関があり、人口1000人あたりの医師の数は全国トップクラスを誇る。さらに、高度な医療や検査機能を有する病院や診療所もたくさんある。

久留米のやきとりも、ほかの多くの町と同様、戦後のヤミ市から始まったという。ただ、もともと町には屋台があった。今でも残る屋台としては、1937（昭和12）年創業の「南京千両」がある。ちなみにここは豚骨ラーメン発祥の店として知られている。

ラーメンの屋台といっても、戦後は材料が手に入りにくかっただろうから、とりあえず手に入るものを売っていたはずだ。そのなかにはもつもあっただろう。

久留米に隣接する小郡《おごおり》市のあたりには、古くから食肉処理場があった。そこから安く手に入るもつを買い受け、串にさして焼いていた。牛や豚ばかりではなく、この食肉処理場では九州らしく馬も処理されていた。だから久留米のやきとりには馬肉もある。

高度経済成長期になると、業績を伸ばしていたゴム工場で働く人たちが、仕事帰りに安くておいしく栄養がつくやきとりを求めて屋台にやって来るようになった。

1952（昭和27）年創業の「夜光虫」を親戚から譲り受け、1961（昭和36）年に店名も新たに再スタートした「屋台　キング」は、久留米市内で唯一、当時の屋台そのままで営業するやきとり屋だ。戦後に立ち並んだほかの屋台はというと、多くは廃業するか店舗を構えたそうだ。

「屋台　キング」は筑邦銀行の駐車場内に置かれている。私有地なので後片づけさえすれば常設でき、水道と排水もしっかりしている。だから「屋台　キング」では、客の目の前で肉を切り、串にさして焼くことができる。ちなみに開店当初は刺身もあったが、屋台で生ものは絶対にNGとなってからはない。

ぶら下がった木札のメニューのなかに「ダルム」とある。これは小腸のことだ。開店当時、よく屋台を訪れていた医療関係者が、小腸のことをドイツ語の医療用語で「ダルム」と呼んだことをきっかけに、そのまま久留米やきとりの名物串となった。この「屋台　キング」が発祥という。「ヘルツ」もあるが、これはハツのこと。久留米やきとりに欠かせない「ダルム（小腸）」と「ヘルツ（心臓）」は、医療の町ならではの呼び名なのだ。

「屋台　キング」は、上野キヌエさんと、三代目になる孫の上野和久さんとが切り盛りしている。和久さん曰く「祖母の焼きにはかなわない。かなうわけもないから僕の焼きをやるだけです」。キヌエさん曰く「別に何も指導していません。お客さまを裏切ってはいけないと

久留米の「屋台　キング」とキヌエさん。中央右側に「ダルム」の木札が見える

いうことだけですかね」。

屋台の魅力はぎゅうぎゅうに詰めて座った客同士の一体感だが、キヌエさんと和久さんが醸す雰囲気に、店全体が一体化する感じが心地よい。

常連客らしき人が言う。

「久留米のやきとりは何をさしてもやきとり。厚揚げでもウインナーでもやきとりです」

「串にさせば、なんでもやきとり」という説はどうも本当らしい。

さらに常連客から「久留米やきとりは巻いたやきとりが多い」と言われた。その仕掛け人と思えるのが「鉄砲」の木下敏光さんだ。屋台を礎とするやきとりもいいが、それをもっと洗練させ、久留米やきとりのステイタスを上げた。

「えのき巻」「しそ巻」「アスパラ巻」を30年以上も前から作っている。

久留米生まれの木下さんは、先の日疋さんのように、久留米やきとりのPR切り込み隊長を買って出ている人だ。スタートは10坪の店だったが、今では5店舗を経営するほどになり、久留米やきとりの社会的地位をぐっと上げた。

木下さんに、もうひとつ気になるキーワード——どうして久留米ではキャベツが出てくるのかを聞いてみた。すると、筑後川を抱く久留米は肥沃で、キャベツ畑が広がっていたからだろうとのこと。

すべてに理由がある。久留米やきとりは優秀な土着型やきとりであった。

8大目になりうる？　寒河江、上田

もつ串の「美唄やきとり」、豚ロース肉と洋がらしの「室蘭やきとり」、豚もつ味噌だれの「東松山やきとり」、鳥皮の鉄板焼きの「今治やきとり」、ユニークな呼び名とさまざまな肉をさす「久留米やきとり」、これといった定義はないが、人口に対してやきとり屋の数が多い「福島やきとり」、「長門やきとり」——これらのご当地やきとりは、「全国やきとり連絡協議会」通称「全や連」によって、「7大やきとり」と呼ばれている。

しかしこれはあくまで一団体が定義しているもの。各地方のやきとり誕生秘話を聞くと、まだほかにも魅力的なご当地やきとりがあるに違いないと思わされる。

はんつ遠藤さん自身の経験から〝8大〟目になりうるところを聞いたところ、山形県・寒《さ》河《が》江《え》市、長野県・上田市の名があがった。

寒河江市では「やきとりB a r《バル》」というイベントを開催していて、やきとりでの町おこしをめざしている。寒河江もメインは鶏肉ではない。豚もつだ。山形は、特に庄内地方で養豚が盛んに行われており、酒田市には全国唯一の養豚試験場がある。そうしたことも豚もつやきとりが盛んな背景にあるだろう。

1951（昭和26）年創業の寒河江駅近くに建つ「さらや」は、寒河江やきとりのシンボル的な名店だ。「レバー」「たん」「ハツ」「コブクロ」などと書かれた札が、壁にぶら下がっている。名物料理が「豚足の煮込み」という点からも、やきとり屋と豚もつの深い関係を窺い知ることができるだろう。

「上田やきとり」の特徴は「美味《おい》だれ」というたれをかけること。鶏肉やカシラなどの豚もつ、牛もつ、牛肉や豚肉も使い、これらを切って串にさして炭火で焼き、醤油をベースに、すりおろしたにんにくなどを加えた甘いたれにつけて食べる。

はんつ遠藤さんは、ほかもいろいろ教えてくれたが、広島・呉市のやきとりエピソードは微笑ましい。どのやきとり屋にも生《い》け簀《す》があるというのだ。水槽にはアジが泳いでいて、やきとり屋なのに、まずアジのお造りからスタートする。瀬戸内海に面した町ならではのやきとり屋だ。ただやきとりは「ふつう」らしい。

会に属して活動していくメリットは大きいと思うが、地方ならではの我が道を行くやきとり屋の存在は、旅することの楽しさを教えてくれているようだ。

第七章　やきとりこだわり学

備長炭はウバメガシ

「ウバメコマル」「ウバメホソマル」

最初に聞いたときはなんのことかと思ったが、これは炭の種類と大きさを表す言葉である。こだわりのやきとり屋は当然、炭にもこだわる。そして彼らのほとんどは「備長炭」を使う。

炭の種類には白炭と黒炭がある。やきとり屋で多く使われるのは白炭で、表面がうっすら白くなっている。白炭のうち「ウバメガシ」というカシ類を使ったものを備長炭という。炭同士を鳴らすとキーンときれいな音が出るのが特徴だ。キーンと鳴るのは当然硬いからで、その硬さは鋼と同じだという。

備長炭のなかでは特に和歌山のものが最高級とされ、紀州備長炭と呼ばれる。紀州以外では、高知や宮崎などでも作られている。値段は圧倒的に紀州産が高い。
「ウバメコマル」のウバメとは、ウバメガシのことで、コマル（小丸）はその直径が2～3cmほどのものをさす。同様に「ウバメホソマル」は、ウバメガシのホソマルという意味で、ホソマル（細丸）は直径1・5～2cmほどのものをさす。ちなみに、ナカマル（中丸）は直径4～6cmほどと太めだ。

炭は〝焼き〟とり調理の要となるものなので、焼き手はそれぞれの好みで焼き台に炭を詰める。その火床の作り方の方程式は複雑なものだが、ものすごく大雑把にいうと、細派か太派か、ギュウギュウに詰める派かゆったりと詰める派かに分けられる。

銀座「バードランド」の焼き台。「小丸」を比較的ゆったり詰める

たとえば京橋「伊勢廣」は、細丸をぎっしりと隙間なく並べる派、銀座「バードランド」は小丸を比較的ゆったりと詰める派だ。丸の内「萬鳥 Marunouchi」や目黒「鳥しき」は小丸をぎっしり詰める。

隙間なく詰める派には強い火を安定して長くもたせたいという意図が感じられるし、ゆったり並べる派には空気の通りをよくしてなるべく強い火をライブでおこしたいという意図が感じられる。

ただ焼き台作りに関しては、炭の太さや炭を詰める密度だけではなく、2段にするか3段にするかなど、焼き手によって調整される要素はほかにも多々あり複雑だ。

大阪「あやむ屋」の永沼巧さんは、ウバメの小丸をカナヅチで叩きながらぎっしりと詰める。その理由を聞くと「空気が入るとすぐに〝溶けるから〟」という表現をした。つまり、空気が入るとすぐに燃え尽きてしまうのだ。逆にぎっしり詰めると溶けにくく、午後5時30分の開店から午後11時の閉店まで、炭を足さないで済むそうだ。また、火の安定感だけではなく、経済的で、強い火をおこしつつ炎が上がらないことも、永沼さんはメリットとしてあげた。

それに対して、まんべんなく敷き詰めるけれどゆったり派の「バードランド」の和田利弘さんは、「やさしく包み込むような火加減で」と語る。強い火で肉にストレスをかけないように、という考え方を持って焼く。使いやすい長さに割った、ウバメの小丸をまんべんなく敷き詰め、隙間に消し炭を詰める。消し炭とは、炭の火を途中で消して作ったやわらかい炭のことで、火がつきやすい。炎は上がりやすくなるが、強いながらもやわらかい火加減が保

ぎ足しをする。て、うちわを駆使しながら焼いていく。炭が早く燃えてしまうことがあるが、その場合は継

焼き台の作り方

どのやきとり屋も、毎日、炭の火をおこし、炭を組んで焼き台を整える作業から始まる。以下、その一般的な流れを簡単に説明しよう。

焼き台は、横60～100cm、深さ15cmのものがよく使われる。このサイズには、直径3cmの炭（小丸）が使われることが多い。

①火おこしに炭を入れ、火にかける。炭が備長炭の場合、一気に温度を上げると、炭の中の水分が膨張してバチンッと爆《は》ぜることがある。その危険を防止するために、消し炭というやわらかくなった炭を一番上に置いたり、いったん水に浸けてから火をつけたりすることもある。水に浸けることで炭の温度上昇が緩やかになり、爆ぜ防止になるという考え方だ。

②焼き台に鉄の台、炭床、鉄の棒を組み、火をおこした炭をまんべんなく入れる。だいたい3～4層くらい重ねる。隙間に消し炭を置いたり、火を安定させるために炭をカナヅチで

叩いて、隙間なくカッチカチに詰めたりすることもある。

やきとり屋の場合、いうまでもなく同じ素材ばかりを焼くのではなく、もも肉のこともあれば、ささみのこともあるし、皮やレバーのこともある。野菜を焼くこともあるし、チーズを焼くこともある。同じ焼き台で、火の入り方が異なるさまざまな素材を焼かなくてはならない。だから、炭の組み方に工夫を凝らし、同じ焼き台でも異なる温度帯をつくるケースが多い。そしてそれが、その人にしか操れない個性を持った焼き台となる。

ちなみに炭には、備長炭ばかりではなく、オガクズに熱を加えながら機械で圧縮して作る「オガ炭」と呼ばれるものもある。また、備長炭でも中国やインドネシア、マレーシアなどから輸入されているものもあり、値段もまちまちである。

継ぎ足しのたれ

鶏肉にこだわり、鶏そのものの味を楽しんでもらおうとしている店では、「塩だけで」と言われることが多い。醤油、砂糖、みりんをベースに作るたれは、やはり味が濃くなり、そちらに味の印象を持っていかれることを懸念しているのだろう。レバーなどの内臓系はたれで、肉は塩で、という店も少なくない。

焼き台のそばに甕があったら、そこにはたいてい、たれが入っている。醤油、砂糖、みりんのほか、酒やワイン、鶏のスープを加えているところもある。砂糖を入れないという店もある。

串にさして焼いた熱々の肉を、そのままドボンと甕のたれに漬ける。たれが肉にからむとともに、肉についた脂がたれにしたたり落ちる。こうして焼いた数だけ肉のエキスがたれに加わっていき、その店ならではのたれができるというわけである。

たいていの店は創業以来、減ったら増やし、減ったら増やしの継ぎ足し方式でたれを守り続けている。渋谷「鳥福」は戦争中も甕のたれを守った。「鳥福」のたれは濃口醤油、みりん、砂糖のみだ。

丸の内「萬鳥 Marunouchi」のたれは、さすがフレンチシェフ、田口昌徳さんが作るだけあり、複雑味があってテイストはフレンチソースだ。

濃口醤油とみりんに、砂糖は和三盆、ざらめ糖、オリゴ糖の3種類。そこに、みりんと日本酒を合わせて焼いた手羽先、にんにく、長ねぎを加えて加熱してアルコール分を飛ばす。さらに、たまり醤油を加えて1時間くらい煮て濃厚に仕上げてある。団子状にまとめたつくねをこのたれにくぐらせると、ワインによく合う。

池袋「母家」も砂糖は3種類。酒類も3種類。ベースは和歌山産の醤油で、複雑味はあるが、ベタッとしておらず、すっきりしている。

いろいろな酒を使うといえば、大阪「あやむ屋」のたれだろう。醤油をベースに、シェリー、マルサラ、マデラ、カルバドス、ポート、紹興酒などを加え、仕上げは砂糖きびのシロップや、甘口のシェリーであるペドロヒメネスを加える。とても余韻のあるたれで、そこにワインを流し込むのが心地よい。

「たれは店の味を決める」というだけあり、弟子が暖簾分けをするときに、師匠たる店主はたれを分け与える習わしがある。しかし、弟子があまりよくない辞め方をすると、それができない。やめるときは円満に。どの世界も同じだ。

つくねの主張

「つくねを見ると、その店の実力がわかります」

誰が最初に言ったのだろう。どこかでインプットされたようで、つくねはどうも気になる存在だ。私以外にも「つくねを食べると、やきとり屋の実力がわかるんだって」と言う人がいたので、「すし屋の実力はコハダでわかる」的な、食通たちには一般的な話なのだろう。

「大げさかもしれませんが、自家製をうたう１００軒のやきとり屋のつくねがあれば、１００種類の味になります」

と言うのは、老舗鳥問屋「加賀屋」の三代目主人、越村博久さんだ。

まず使う肉や配合が違う。さばいたときに出る端肉を使いつつ、鶏のもも肉、むね肉、脂分が多い首肉や皮、砂肝、合鴨など、各やきとり屋は自分たちの理想のつくねに向けて肉や配合を決める。脂分が多いと生地はゆるくなるが、ジュワッとした肉汁は出やすい。そして粗く挽くか、細かく挽くかを選ぶ。２年以上成長した親鶏のほうが味は濃いので、あえて親鶏を使う人もいる。親鶏は結合組織が丈夫なので焼くと固い印象があるが、挽き肉なので結合組織は切れていて問題ない。たとえば越村さんは「若鶏のもも肉は細かく二度挽きに、親鶏は粗く挽いてください」といった注文も受けるそうだ。さらに塩、しょうゆ、こしょうといった味つけ、卵のようなつなぎや軟骨の有無なども店によって異なる。当然、味や食感に多彩な個性が出る。

さらに姿形も違う。つくねの形には、花見団子のように団子型にして串にさしたタイプと、生地を棒にまきつけたきりたんぽ風のタイプ、アイスバータイプがある。

また、生から焼くタイプと、あらかじめ蒸したり焼いたり揚げたりして火を通してから炭で焼くタイプもある。生から焼くタイプは形が崩れやすいので、アイスバーやきりたんぽ風のものは、たいてい焼く直前に形を作ってから焼き台にのせる。生から焼くと時間はかかるが、ジューシーさが魅力だ。あらかじめ火を通しておくものは扱いやすく、時間をかけずに中まで火を通せる利点がある。

つくねがおいしい店として昔から評判なのは京橋「伊勢廣」だ。「伊勢廣」では「団子」と呼ばれ、もちろん形も団子状だ。店で鶏をさばく利点を生かし、あらゆる部位を粗挽きにして、アクセントに麻の実を加えている。

入船「さくら家」や六本木「鳥長」は、粗く挽いた肉を団子にし、鶏の油で軽く揚げておいたものを焼く。中目黒「鳥よし」、目黒「鳥しき」なども粗く挽いて団子にし、いったん焼いてから串にさして備長炭で焼く。

渋谷「森本」はアイスクリームバーのような形で、ゆずの風味が味に奥行きを出している。池袋「母家」、大塚「蒼天」などはきりたんぽ風タイプ。「母家」はとんぶりを加えてプチプチ感を出している。冷やしておいて生のまま焼く。「蒼天」は軟骨が入ってコリコリしており、ねぎや大葉、ゆず皮などの薬味もたっぷり入った深みのある味だ。

銀座「バードランド」はきりたんぽ風タイプだったが、1996（平成8）年から団子タイプに変えた。生地に鶏脂を加え、焼き上がったときのジューシーな味わいが特徴だ。

新宿「鳥茂」は団子型でもあり、きりたんぽ型でもある。どういうことかというと、団子型にしたつくねに串を打ってからにぎって、団子同士をなじませるのだ。

「鳥茂」のつくね生地は凝っている。初代がもともと洋食の料理人だったので、ハンバーグを意識しているのだ。作り方を聞くと確かにハンバーグだ。使うミンチは豚、牛、鶏の合い挽き肉。そこにたまねぎ、にんにく、こしょう、一味トウガラシを加えてしっかりとこねる。牛や豚を使ったもつ焼き屋だからこそできる、牛や豚のうま味がたっぷり含まれたつくねだ。このつくねの生地はピーマン詰めに使われ、つくねに軟骨を入れたものは「タタキ」という名で提供している。

ユニークなつくねといえば東日本橋「江戸政」だろうか。生のたたきを注文すると、タルタルステーキ風のつくねがハンバーグのように、どーんと皿の上に盛られて出てくる。添えられた遠慮なしに甘いたれが、粗く挽いたつくねになんともいい塩梅《あんばい》だ。

ところで、つくねには、西麻布「TORI+SALON」のように卵黄を添えるところがある。甘いたれの肉に卵黄をつけながら食べるのは、すきやきに卵をつけて食べる感覚と似ている。

卵と鶏肉で親子丼みたいだといえなくもない。

新宿「こけっこ」は、バー状にしたつくねに卵黄を添え、最後はミニ焼きおにぎりを出してくれる。つくねを食べたあと、ミニ焼きおにぎりを卵につけて食べる。まさに親子丼感覚だ。

肉の鮮度と熟成の加減

「鶏肉は朝絞めがいい」とはよく聞く言葉だ。「朝絞め」は、扱っている鶏肉がフレッシュであることを示す代名詞のように使われている。

実際、鶏肉に鮮度は大切だし、刺身、すし文化が根づく日本では、フレッシュな鶏というのはおいしそうな響きもある。

鶏肉に鮮度が求められるのには意味がある。熟成に必要とされる期間が牛や豚のそれよりもはるかに短く、酸化されやすい不飽和脂肪酸を多く含んでいるからだ。つまり脂肪が酸化される前に食べてしまわなければならないのである。

鳥刺しで食べる場合、これはより大きな意味を持つ。ただし、鳥刺しは2014年11月現在、法的には禁止されていないが、保健所としては積極的ではないので念のため。個人的に鳥刺しは大好きだし、自己責任でいいのではないかと思うが、食中毒の原因であるカンピロバクターに汚染された可能性があるものを認めるわけにはいかない、という保健所の立場もわからないでもない。

ただ、フレッシュがいいからといって、処理したてがいいというわけではない。牛でも豚でも鶏でも、生き物を処理すると死後硬直が起こるからだ。

ここで死後硬直についてふれておきたい。

筋肉は弛緩と収縮によって動く。その指令は脳がつかさどる。脳が「動かせ」という信号を発すると、筋肉中に含まれるカルシウムを放出する。このカルシウムの働きかけで筋肉は収縮する。生き物が死んでも組織が壊れてカルシウムがもれ出てしまい、生きている動物と同じように筋肉が収縮する。これが、死後硬直の仕組みである。

鶏も処理したらすぐに死後硬直が起きる。死後硬直の状態の肉は固くて保水性が悪いので、これを解くためには熟成期間が必要である。この熟成期間は、出荷する際の日齢数によって異なり、日齢数が短いと熟成日数は短くていいし、日齢数が長いと熟成日数も長くする必要がある。また、低い温度だと熟成に時間がかかるし、高い温度だと熟成も早くなる。

若鶏では通常、処理・解体後、1～2日間経ったものを我々は食べているが、1日経てば処理直後の固さの約60％まで、２日経てば半分くらいまでやわらかくなるといわれている。さらに、骨付きで熟成させるとジューシーな肉ができるというデータもある。

鶏肉の熟成の状態を見極めてやきとりに仕上げるのが、大阪「ＹＡＭＡＴＯ」の川口伸さんである。川口さんは10年間、鶏卸業に関わり、毎日何十羽もの鶏に触れてきた。カウンターに座って川口さんの仕事ぶりを見ていると、その経験と知識を存分に生かした技ばかりでおもしろい。

メニューも独特だ。そのなかのひとつが、「フザンダージュをしたプレ・ノワールの焼霜」。フザンダージュとは、フランス語で熟成のことで、ジビエに使われる言葉だ。プレ・ノワールとは、滋賀で育てられた、フランスで認定を受けた黒い鶏のこと。プレ・ノワールではなく、「大和肉鶏」を使うこともある。

どちらもブロイラーの倍以上――１４０日前後という飼育日数の鶏だ。これらに川口さんは５日間のフザンダージュをかける。

「余分な水分を脱水シートで抜きながら、２℃くらいの、目安として５日間の熟成によって、テクスチャーがやわらかくなり、うま味も増す」と、川口さんは言う。

「畜産の情報」（２００３年12月）に掲載された日本獣医生命科学大学の西村敏英教授のデ

ータによれば、しゃものむね肉を5日間、熟成させて分析機器を使ってアミノ酸量を測定すると、アミノ酸が著しく増加し、やわらかさも増すという。

川口さんの5日間という熟成条件は、これまでの知識と経験で見つけ出したものだが、それは科学的なデータにも裏づけられているのだ。

食鳥処理衛生管理者資格について

三軒茶屋「床島」は焼きの確かさで人気があるだけでなく、丸の鶏を店で解体しているので肉の鮮度がよく、希少部位が食べられる店としても人気だ。

それができる理由は、店長の床島正一さんが「食鳥処理衛生管理者資格」を持っているからだ。老舗では「伊勢廣」「鳥福」「鳥繁」などはこの資格を持っているが、比較的新しい店で、この資格を持っているところは多くない。

「昔は銀座あたりをウロウロしていたら、かごに入れられた鶏が店先に置いてあったもんだよ」とは、大正生まれのジャーナリスト、M氏の弁だ。昭和初期の頃の話だという。

実際、昭和初期の鶏を扱う店では、絞めたばかりのフレッシュな鶏を客にふるまっていたところもあった。今でも地方に行くと「昔は、大事な客が来ると、飼っていた鶏を絞めてふるまった」「うまく絞められず、鶏がバタバタ暴れるのを見て、鶏が食べられなくなった」という声が聞こえてくる。

絞めたばかりの鶏が貴重だという感覚は、店に生け簀を作り生きた魚を泳がせ、料理の直前につかまえて刺身などにして出す、日本の「素材はまずとれたて、新鮮さありき」という思想に似ている。

丸の鶏をさばくにあたり、長らく法的な制限はなかったが、1990（平成2）年6月29日に「食鳥処理の事業の規制及び食鳥検査に関する法律」が施行され、「食鳥処理衛生管理者資格」の取得を義務付けるようになった。

厚生省（現・厚生労働省）の資料によると、1965（昭和40）年に約21万トンだった食鳥類の消費量は、ブロイラーの導入もあり、1987（昭和62）年には約163万トンと、20年間で約8倍になった。こうなると鶏肉は日本人にはなくてはならない食材となり、衛生上の法制化も必要になったということだろう。

この法律の背景には、農産物の輸出入を行うにあたり、衛生面での共通のルール作りを行おうという国際的な動きがあった。

1972（昭和47）年に、イスラエルのハニタで、家禽の衛生検査に関する国際会議が開催された。その会議の概要が練られ、18年の時を経て「食鳥処理衛生管理者資格」の制定につながった。この法制化により、生きた鶏を店先で絞めてすぐに出すというような、のどかかつダイナミックなことができなくなった。

食鳥処理の資格がなければ、内臓が付いたままの鶏をさばくことはできない。資格をとるためには、厚生労働省が定めた4つの条件のいずれかを満たさなければならない。ところが、その条件のハードルがかなり高いのだ。

原文のまま記す。

一　獣医師

二　学校教育法に基づく大学、旧大学令に基づく専門学校において獣医学又は畜産学の課程を修めて卒業した者

三　厚生労働大臣の登録を受けた食鳥処理衛生管理者の養成施設において所定の課程を修了した者

四　学校教育法第47条に規定する者又は厚生労働者令で定めるところによりこれらの者と同等以上の学力があると認められる者で、食鳥処理の業務に3年以上従事し、かつ、厚生労

働大臣の登録を受けた講習会の課程を修了した者

このなかでもっとも簡単なのは、獣医、あるいは獣医学科、畜産学科を卒業した人がやきとり屋をやるということだろうか。それなら内臓付きの鶏肉を扱える。

そうでなければ、三か四である。これを要約すると、義務教育を卒業、またはそれと同等以上の学力を持ち、食鳥処理場か、食鳥処理衛生管理者のいる飲食店などで解体などに3年以上従事したうえで、講習会を受講した人、ということになる。

これまではどの店でも内臓付きの丸鶏を仕入れることができたが、この法律の制定によって、内臓と鶏肉とを別々に取り寄せるようになった。「中抜きの丸」「部位ごと」という仕入れが一般的だ。中抜きとは内臓抜きという意味である。

「床島」の床島さんは養鶏従事者ではなく、もともとアパレル関係の仕事をしていた。生地を選び、デザインし、裁縫して、洋服に仕上げる。こうしたもの作りとしてのファッションが好きで選んだ仕事だったが、時代はファストファッション。作ることより消費することに労力を使う仕事に違和感を覚え、自分で完結できる飲食店の仕事を選んだ。それがやきとり屋だった。

肉を切って、さして、焼く。最初はそれを自分でできることに喜びを覚えていたが、もっと鶏を知りたくなる。最初は部位ごとに仕入れていたが、中抜きの丸を購入するようになり、最終的には内臓付きが欲しくなってきた。

たまたま「食鳥処理衛生管理者資格」を持っているスタッフがいたので、店をリニューアルする際に鶏の処理に問題がない施設にして、内臓付きの鶏を仕入れるようになった。そして、そのスタッフのもとで3年間処理を続け、先の四番目「食鳥処理の業務に3年以上従事」を満たすことになった。その後、講習を受けて、晴れて床島さんも「食鳥処理管理者資格」の所持者となったわけだ。

やきとり屋の場合、この四番のケースが多い。ただ、少々年配の方になると、法律が定められた当時、それ以前に相当の知識と技術を持つと判断された場合は、講習を受けなくても資格が与えられたケースもあったようだ。

酒とワインとやきとりと

居酒屋にやきとりはあって欲しいし、やきとりにも酒は不可欠だ。

明治の屋台の頃から、やきとりに酒は寄り添ってきた。やきとりが登場する随筆には、かならずといっていいほど酒を感じさせる描写がある。

角田猛の『東京の味』『いかもの・奇味珍味』では、昭和の中期のやきとり屋にブドウ酒が登場する。ブドウ酒といっても、今のワインと質は違うだろうし、店の雰囲気もまったく違うだろうが、やきとりとワインの組み合わせは認知されていたことになる。

昔からやきとりには、安い清酒や焼酎、ウィスキーの水割りというイメージがある。ところが、「長く焼酎を置かなかった」というやきとり屋も多い。戦後しばらく、焼酎は酔うための下等な酒であり、やきとりはそうした酒のためのアテではない、と考える店が多かった。もちろん、乙類焼酎（本格焼酎）が注目され始めてから、やきとり屋にも置かれるようになった。

さらにいえば、良質の酒を置く店がこの10年で一気に増えた。そこには店主の酒に対するとびきりの思いがある。

「この酒これ1本！」的に銘柄にこだわったのは、池袋「母家」だ。1975（昭和50）年の創業だが、前身はバーというだけあり、やきとり屋をオープンすると決めてから、すでにやきとりに合ううまい酒を探していたそうだ。

二代目の主人、つまり御子息の坂江和雄さんによれば、両親は「酒なら東北でしょう」ということで、ふたりで東北酒旅行をしたそうだ。結果、秋田清酒の「出羽鶴」に出合い、これは絶対にやきとりに合うということで、「出羽鶴」のみを置いて開店した。やがて、秋田清酒の系列蔵である「刈穂」も揃え、そこでは「山廃純米酒　母家」というオリジナルの酒まで造ってもらったそうだ。ボリューム感はあるけれど、とがった甘さはなく、じんわり甘味が感じられて落ち着いている。奥行があるので燗でも冷やでも飲める。

酒好きのＤＮＡは二代目にも受け継がれていた。坂江さんは唎酒師《ききざけし》の資格のほかソムリエの資格も持ち、特にドイツワインに造詣《ぞうけい》が深い。ドイツワインに惹かれた理由を「ドイツ人も職人気質だから」と答えた。ドイツ人〝も〟――。その言葉には、やきとりの焼き手である父親も職人、付き合いのある蔵人も職人、という意味が込められている。店には、坂江さんが好きな頑固な造り手である「ベルンハルト・フーバー」の、「ヴァイサーブルグンダー（ピノ・ブラン）」「シュペートブルグンダー（ピノ・ノワール）」「リースリング」の３種類を置いている。良質の鶏を、職人が集中して高温で一気に焼き、独自にブレンドした２種類の塩をふった上品なやきとりには、ごまかしのないストレートなドイツワインがよく合う。

幼稚園の頃から入船「さくら家」に通っていた白金「酉玉」の伊澤史郎さんは、やきとり食いの強者ぶりも筋金入りだが、酒への愛情も半端ない。さらにいい塩梅の大酒飲みだ。うまいやきとりにうまい酒を置く。伊澤さんにとっての桃源郷が「酉玉」だろう。

独特の墨文字に、ところどころに朱をきかせた味のあるメニューには、酒のつまみとしてのやきとりや一品料理とともに、酒の種類がびっしり書いてある。「菊姫」「能古見」「義侠」「越乃松露」「鄙願」などなど、伊澤さんが選んだ全国各地の酒が並ぶ。まるで銘酒居酒屋のようなラインナップだ。燗に向く酒、個性派の酒、料理を引き立てる酒など細かく分けられているのも、酒もやきとりも大切にしている証だ。日本酒だけではなく、焼酎、ワインも揃える。

「酉玉」の創業は2000(平成12)年。当時、ここまで酒のラインナップを揃える店は少なかっただろうし、以降、酒にこだわるやきとり屋が増えてきたのは、「酉玉」の影響力が大きいだろうと思っている。

大塚「蒼天」の中俣照昭さんも、日本酒とやきとりとの相性を大切にしているひとりだ。中俣さんも酒好きで、出店場所に大塚を選んだのも「居酒屋の名店がたくさんあるから」

とのこと。その名店のひとつ「串駒」から紹介された岐阜の「中島醸造」、広島「盛川酒造」、長野「大信州酒造」の3つの蔵の酒は、店のメインの酒としている。酒の仕込みも手伝いに行くという。中俣さんは「いずれの蔵も、造り手の人柄が素晴らしい」と語っていた。やきとりも酒も「人」を大切にする心は「母屋」の坂江さんと同じだ。

大塚「蒼天」

揃える酒は60〜70本、純米系、吟醸系、無濾過生、生酛《きもと》山廃、燗酒向きの酒など、さまざまなタイプを置き、客と相談しながら出している。コースを頼む客が多いので、たとえば、吟醸系の香りが強い酒は最初の一杯だけにして、食中酒はバランスのよい、料理のじゃまをしないものを、客の好みを聞きながら押しつけることなく出している。

また、たとえば途中でワインに切り替えた客がいれば、コースのなかで味つけを変えたりもするそうだ。自分は日本酒が好きなので客にも飲んでもらいたいが、押しつけることなく、やきとりとともに自然に楽しんでもらえればいい、というスタイルを崩すことはない。

温度管理されたワインをいち早くメニューにのせたのは、銀座「バードランド」の和田利弘さんだ。和田さんの酒選びは、ワインがまるでやきとりのソースのように感じられるほど、味の相性を意識しているように思う。

やきとりにワインというスタイルが似合うのは、やはりフランスにベースがある店主の店だ。となると、五反田「たかはし」、そしてフレンチシェフの田口昌徳さんが店主を務める丸の内「萬鳥 Marunouchi」があげられる。

田口さんが2000(平成12)年に浅草で「萬鳥」を始めたきっかけは、「フランスには各地方に、そこに暮らす人々がふだん飲んでいる安くておいしいワインがあるのに、日本でそれを出せる機会がない」というものだった。

南フランスのローヌ地方の酒屋に行ったとき、大きなステンレスタンクが置いてあり、人々がガソリンスタンドで給油するように自分のタンクにワインを詰めているのを見て、日常にワインがある生活がとても楽しそうに思えたそうだ。

しかし、日本での自分の営業スタイルは、下町のフランス料理店とはいえ、特別な日のフランス料理を出すことだ。客単価は1万円くらいになり、ワインも相応のものを出さなくてはならない。でもやきとりだったら、かなりリーズナブルなワインを提供できる。ならばやきとりを提供して、安くておいしい、フランス庶民がふだん飲んでいるワインをどんどん飲んでもらおう。そう思い、田口さんは実行に移した。

ローヌのガソリンスタンド的なワインの提供は無理としても、丸の内「萬鳥Marunouchi」のワインリストには、グラスで700円くらいから、ボトルで3000円くらいから、国内外のワインが多数揃う。また、ユニークなのはやきとりに合わせたワインがあること。その名も「キュヴェ・プーレ」つまりプーレ（鶏）のためのワインは、ローヌの生産者、アラン・パレさんが、日本のやきとり文化に合わせて、気軽でおいしいシラーのワインをつくろうとしたのが始まりだ。これを知って「萬鳥Marunouchi」が仕入れるようになった。

しっかりとした肉質の鶏肉と、フレンチ仕込みのたれに、力強いながら飲みやすいシラーの味はとてもよく合う。

ワインだけではなく、ベルギービールを合わせる店もある。ベルギービールは800種類以上の個性豊かな味わいがあり、そのバリエーションは豊富だ。新橋の「ホップデュベル」は、そのなかからやきとりに合うタイプを選び、甲斐路軍鶏と合わせて提供している。やきとりとビールは定番の組み合わせだが、ひと味違うビールとの組み合わせが、新しい味を感じさせてくれる。

生育日数の影響力

　ブロイラーは、日齢40～50日ほどで出荷される。

　銘柄鶏のなかには、ブロイラーと同程度の日齢で出荷されるものもあるが、差別化をはかるために飼育日数を延ばすことも多い。とはいえ、飼育日数を延ばすと人件費も飼料代もかかるので、品質とコストとのバランスをとって60日齢台後半で出荷するところが多い。75日のところもある。

　地鶏は法的には80日齢以上の飼育が必要だが、飼育日数を長めにする生産者は少なくない。だいたい１２０日から１５０日齢くらいが多い。

　一般的には、やわらかくてジューシーなやきとりはブロイラー、噛みごたえがあるやきとりは地鶏、または銘柄鶏と思われている。

ブロイラーの日齢は最短で40日、地鶏の日齢は最長で150日と考えれば、両者は100日間も差がある。生まれてから大人になるまでの期間だから、この100日間による肉質の差はかなりのものだ。ここまでくると、ブロイラーと地鶏の違いは、運動量やえさの種類の違いもさることながら、日齢数の違いによる影響もかなり大きい気がするが、どうなのだろうか。

鶏はふ化してから90日間が過ぎると、胸の中央の骨が固くなり、親鶏の体に変わり始める。つまり生後90日から鶏の個性が出てくる。この頃を過ぎると肉もだんだん固くなってくる。ブロイラーに比べて、日齢が長い地鶏のほうが、肉質が固くなるのは当然だ。これは筋肉そのものが固くなるというより、筋肉を包む膜や骨をつなぐ結合組織が丈夫になるためである。運動によっても結合組織は丈夫になる。この結合組織を形成しているのはコラーゲンというたんぱく質で、コラーゲンは長時間加熱をしないと分解せず、肉はやわらかくならない。牛スジなどはコラーゲンの塊で、おでんなど長時間煮込まないとやわらかくならないのは経験上、おわかりだろう。

実験上のデータでいえば、65℃付近でコラーゲンは急激に縮むので肉は固くなる。若く出荷されるブロイラーはあまり心配しなくてよいが、地鶏や銘柄鶏のように長めの飼育日数によって結合組織が丈夫になった鶏は、コラーゲンが縮んで肉が固くなる前に焼きを終えなければならない。焼き手の腕の見せどころだ。

日本で売れないむね肉

コースは別として、「むね」という名前を単独で出しているやきとり屋はあまりない。理由はただひとつ。日本では売れないからだ。

では、やきとり屋でむね肉はどういう扱いをされているのか？　串にさす場合は「ねぎま」、または「ねぎまの一部」「わさび焼き」などで、それ以外だと、たたきなどの一品料理になる。

日本における人気ナンバーワン部位はもも肉である。ところが、アメリカではまったく逆で、もも肉は好まれず、むね肉のほうが圧倒的に人気がある。

日本でむね肉が不人気な理由について、聞こえてくるのは、パサパサしているという意見だ。実際、脂身が少ないので、ジューシーさではもも肉に軍配があがる。だが、逆にいえば脂身が少ないからカロリーも低いわけで、時代に合わせてヘルシー感をアピールすれば、売れてくるだろう。

また、むね肉ともも肉ではうま味量が異なる。むね肉のアミノ酸量は、もも肉のそれよりも少ないのだ。うま味好きの日本人には物足りないのかもしれない。

しかし先にもふれたが、むね肉も5日間の熟成によってアミノ酸量は倍増する。「5日間熟成したむね肉」というのは、なかなかおいしそうなキーワードだ。もっと世に出てもいいと思う。

鶏肉と冷凍

酸化されやすい不飽和脂肪酸を多く含む鶏肉は、肉のなかでも〝アシ〟が早いといわれている。また、鶏肉の鮮度は、表面のバクテリアの増殖によっても変化していく。バクテリアは低い温度では増えにくいので、マイナス2℃以下の温度で貯蔵することが望ましいとされている。

さらに鶏肉の鮮度を保つために、冷凍という方法もある。しかし、まだ死後硬直をしている状態の肉を凍らせると、解凍したときに肉が固くなり、大量の肉汁が出てしまう。だから、死後硬直が解けてから凍結しなくてはならない。

家庭用冷凍庫の一般的な温度は、マイナス5～10℃である。これだと冷凍速度が遅く、肉中に大きな氷の塊ができてしまう。これが筋肉組織を破壊し、解凍したときに肉汁が出る。マイナス20℃以下の業務用冷凍庫だと急速冷凍され、生に近い状態で凍結させることができる。

鶏肉という筋肉を整える

今さらながら思うが、やきとりの醍醐味は、串に直接かぶりついて肉の味、食感を噛みしめることだ。1本を1分間で食べ終わる世界だが、たいていの名店では6時間以上かけて何百本と仕込みをし、いつも同じ焼き手が、炭火に集中しながらチャンチャン焼いていく。

この世界は「串打ち三年、焼き一生」といわれ、2つの技術――鶏肉を炭の上に安定して置けて均一に焼けるように串をさす技術と、それを焼き上げる技術が必要とされる。

チェーン店などでは、誰がやっても同じようにできるように独自のマニュアルを用意しているところもあるが、ここでは、1分間のうまさにかけて、炭火で焼く〝職人〟たちの技に迫ってみよう。

いうまでもなく鶏肉は鶏の筋肉であり、やきとりのコツは鶏の筋肉をどう扱うか、という点につきる。

多くの焼き手は「肉の線維」という言葉をよく使う。曰く「線維を切るように肉を切る」「線維に直角に串をさす」。

この線維とは、科学的にいえば筋線維のことである。

線維が長いままだと噛み切りにくいので、まずは線維を切って噛みやすくする。そして串を打つときは、線維に直角に串をさす。肉は線維の方向に縮むからである。

肉の線維に直角に串を打つと、串に向かって肉が縮むのでぎゅっと締まる。しかし線維と平行に串を打つと、肉が上下に縮むのでさした肉と肉の間に隙間ができて抜けてしまうというわけだ。

さらに肉が抜けないように、串を縫うようにして打つ。西麻布「TORI+SALON」の中山一夫さんは、肉を寄せるように串を打つと、ぷっくりふくらんでおいしそうに見えると言っていた。見た目も重要である。

さらに串打ちに関しては、炭火の上で安定して焼けるようにバランスをとることも大切だ。重心が不安定だと、炭の上に置いたときに串が回転してしまって焼きにくい。串を肉の真ん中に打ち、切り身の重心をとらえ、串として安定するようにしなければならない。加えて、厚みがバラバラだと火の入り具合もバラバラになるので、串としての厚みを均一にする必要もある。

まだ経験が浅いスタッフが、練習のために自分でさした串を焼いているところに立ち会ったことがある。焼き台に置いたとたんにクルッと串が裏返っていた。彼は串をずっと手で持って、バランスをとりながら焼かなくてはならず、炭火の強い火力で手が真っ赤になっていた。「串打ち三年」の所以である。

切り整えられ、厚みが揃ったやきとりの串はとても美しい。中目黒「鳥よし」、渋谷「鳥福」、六本木「鳥長」には、すし屋と同じガラスのタネケースが置かれているが、きっちり並んで積み重ねられた串は、艶《つや》やかに光っている。

備長炭で焼く意味

おいしいやきとりってなんですか？　と聞くと、焼き手も客もたいていこう答える。

「まわりはカリッと焼けて香ばしく、なかはジューシー」

炭火焼きは、それが可能な加熱法のひとつだ。

その仕組みについて、加熱調理の名著、佐藤秀美の『おいしさをつくる「熱」の科学』を片手に、銀座「バードランド」の和田利弘さんにご協力いただき、実際に炭火の温度を測定しながら理解していきたい。

熱電対《ねつでんつい》という温度を測る機器を持って、営業が終わった頃に「バードランド」を訪れた。先に述べたように、「バードランド」では、2・5〜3㎝直径で長めの紀州備長炭を使い、ゆったりと炭を組んでいる。

炭火での加熱というと、まず遠赤外線の話が出るだろう。遠赤外線が内部にまで浸透するから早くおいしく仕上がる、という説明をする人は多い。しかし、それはさまざまな角度から検証された結果、間違いであることがわかっている。

炭火が遠赤外線を放出することは事実だが、遠赤外線の特徴は、「表面部分のみの温度が高くなる」ことである。「いや、実際、炭火を使うと中心部まで早く加熱できるじゃないか」と反論する方がいるかもしれない。しかしそれは遠赤外線を放出していることに加えて、炭火から伝わる熱量の大きさの影響が大きい。

炭火の表面温度は500〜800℃という高温で、そこからほんの5〜10㎝のところにやきとりの串を置いて焼くのだから、肉はかなりの熱量を得られる。

かなりの熱量で遠赤外線を放出しているのだから、表面温度は早く高くなり、表面の水分がすぐに蒸発する。そうなると焼き色も早くついて、表面をカラッとさせて焼くことができる。また、表面を素早く焼き固めることができるので、内部のうま味成分の流出がおさえられる。さらに表面が早く熱くなると、そこからの「伝導熱」で内部はじわじわと加熱されていく。

炭火の温度は500～800℃だが、そこから5～10㎝のところは何度だろうか？「バードランド」のそれを測ってみると、測定した日に限っていえば、250～280℃あたりを行ったり来たりしていた。この温度帯は、一般家庭で使われるオーブンの最高温度帯よりも高い。

オーブンだと温度は一定だが、炭火は秒ごとに温度がくるくる変わる。これを目の当たりにすると、炭は生き物であることを実感する。

特に和田さんは炭をゆったりと組むので、炭に空気が当たりやすく、温度を安定させるのはむずかしそうだ。それでも30℃の幅に収めるのはさすがだ。

測定当日の和田さんの場合、奥久慈しゃものもも肉の串を焼き上げるのに、焼き台の上にのせてから約5分間であった。

焼き上がるまでの流れはこうだ。

専用の冷蔵庫から出したばかりの約20℃の肉を炭にのせると、表面温度は1分で約50℃まで一気に上がり、3分で約80℃になった。和田さんは、4分経ったところで網を置いて炭からの距離を5㎝高くした。すると5分経ったところで約75℃になり、焼き上がりとなった。

ではその間、肉の内部の温度はどうなっていたかというと、3分までずっと約20～25℃で、3分30秒で一気に約60℃に、4分で約70℃になった。

改めてまとめてみる。表面の温度が3分で約80℃になったのに対し、中心部は3分まではまだ約30℃以下で、70℃になるまで約4分を要した。

このことは、先にふれた「遠赤外線」は表面のみを加熱するという特徴に合致している。まずは表面を一気に加熱し、その伝導熱でじわじわと加熱していくのが、やきとりの焼き方の特徴なのだ。

ところで、4分経って中心部が70℃になったところで、和田さんはやきとりの下に網を置いて炭からの距離を5㎝高くした。そうすると、やがて内部の温度も75℃に追いつき、表面の温度は熱源から遠ざかることで少し下がり、内部も表面もともに約75℃で焼き上がった。

温度計も何も見ていないのに、表面と中心部の温度をほぼ同じ約75℃で焼き上げるテクニックには驚いた。実はこのあと、ブロイラーでもやってもらったが、ほぼ同じ結果であった。炭の場合、火力のコントロールは非常にむずかしい。自然の木を燃やして作った炭は、生き物相手のようなものだから安定性は悪い。和田さんは串をジーッと見つめながら、串の向きや置く位置をたまに変えている。これは、置き場所によって異なる火力を、肉に均一に当てるためで、多くの焼き手がそうしている。和田さんは新しい肉を焼くとき、同じ場所に置かず、少しずつ横にずらしていく。同じ場所に置き続けると、その下の温度が下がると考えているからだ。

焼き台の温度を上げるために、焼き手は大きく3つの作業をする。①うちわであおぐこと、②空気口を開けること、③炭と炭の間を空けて空気を送ることである。温度を下げるには逆のことをすればいい。おこし過ぎた火をうちわで押しのける、空気口を閉める、炭を詰めるということだ。ガスや電気のようにスイッチがないので、焼き手は己の勘によって、うちわや空気口、炭を動かしながら火力を調整する。

ちなみに白金「酉玉」の焼き台には空気口がないので、親方はこまめに炭を動かすことで温度をコントロールする。うちわもほとんど使わない。

「うちわをまったく使わない派」もいて、彼らも火ばさみで炭を移動させて、火力を調整している。

また、「串をよくひっくり返す派」と、「ひっくり返すのは一度のみ派」もいる。

こうした焼き手の流派は、焼き手の手元が見えるところに座るとよくわかる。

串を炭のどの位置に置くか？　空気口は開いているか？　うちわは使っているか？　串の位置をどうしているか？　何回ひっくり返すか？　などなど。

すしもそうだが、日本のオープンキッチンは、職人によって新たな発見があっておもしろい。「焼き一生」といわれる、焼き手が求める理想を味わうのもやきとりの醍醐味だ。

たれ焼きの甘い香り

鶏肉そのものにこだわっているやきとり屋は、たれよりも塩、というケースが多い。せっかくの鶏の味が濃いたれによってわからなくなるのが嫌らしい。

しかしそうしたこだわりや先入観はさておき、やきとりの魅力のひとつは、甘いたれが焦げたときの香ばしい香りであることを否定する人はいないだろう。スーパーマーケットや肉屋の店先、イベント会場で焼いているやきとりはたいていたれだ。甘く香ばしい香りは、人を誘い込むのに十分なパワーがある。

焼き色がつくこと、そしてたれ焼きが香ばしい香りを発することは、ふたつの化学反応に由来している。ひとつは、糖が100℃以上に加熱されると分解して褐色化する「カラメル反応」、もうひとつは、糖とアミノ酸やたんぱく質が反応してメラノイジンと呼ばれる褐色物質を作るアミノ・カルボニル反応——別名メイラード反応である。

たれ焼きの場合、たれの糖分、たれの糖分と醤油、鶏肉のアミノ酸と糖分、鶏肉のアミノ酸とたれの糖分、というように、あちこちでカラメル反応とアミノ・カルボニル反応がおこり、さらに脂分が加熱されて生じる鶏肉ならではの香りも加わり、複雑でおいしそうな香りが生まれる。

そしてもうひとつ、炭火にも人に好まれる香りが含まれているという。

雑誌「伝熱」の2009年7月号に、炭火焼きとガスコンロ上の焼き網で焼いた鶏肉を、官能検査によって比較したデータがのっている。

炭火のほうが好ましいという結果になったが、その理由が匂いにあるというのだ。匂いの成分を分析すると、炭火ならではの香気成分が存在する可能性があるという。炭焼きは単においしそうというだけでなく、科学的にもおいしいといえそうだ。

第九章　肉用鶏学

肉用鶏の祖先

いうまでもなくやきとりは「肉」を食べるものだ。しかし「卵が先か、鶏が先か」ではないが、食用という点でいえば、記録上「食べたのは卵が先」である。

鶏の歴史は、観賞用、闘鶏用から始まり、卵を食べ、そして肉も食べられるようになった。つまり、肉としての鶏の歴史はそんなに古くない。

ここではもう少し、肉としての鶏の歴史をクローズアップしてみよう。

野鶏を飼い慣らしたことから始まった家禽としての鶏は、6000年もの長い間にインドや中国で大型化した。江戸時代に日本にきた「唐丸《とうまる》」という鶏は、高さが90㎝もあったという。鶏の祖先といわれるセキショクヤケイの高さが30㎝くらいだとすると、かなり大型だ。

ちなみに、唐丸を飼育するためのかご「唐丸かご」は、罪人の護送にも使われた。人が入れるほど大きかったということだ。

日本と交流があったマレーシアやインドネシアでは闘鶏が盛んで、強く大型の闘鶏用の鶏が改良され、飼育された。日本にも江戸時代に渡来した。それが「軍鶏」である。

日本に軍鶏がやって来た時代は、世界的には東西貿易が盛んになった頃で、中国やインドで改良された大型の鶏は、16世紀以降、イギリスなどヨーロッパに渡り、さらに合計110種類くらいの品種が作られたという。軍鶏も胸の肉付きがよい肉用種に改良され、ブロイラーの起源となった。

やがてヨーロッパからアメリカへ渡った鶏は、さらに改良が加えられた。イギリス生まれのコーチンは特に改良に多用された。昔のコーチンの足には羽根が生えていたようだが、改良されている間になくなっている。

中国、インド、ヨーロッパ、アメリカと、鶏が急速に広がっていったのは、海路でも運ぶことができるからだ。冷蔵庫がない時代、船上で鶏を飼って船旅に出れば、陸に上がらずとも新鮮な卵や肉が食べられるから、交易船の食糧としてもってこいだったはずだ。

時代は流れ、19世紀から20世紀にかけてはアメリカで鶏が盛んに改良された。

この時代の代表的な品種は、体は２kgと小さいけれど卵をよく産む卵用鶏種といわれる「白色レグホーン」、３kgの中型で卵をよく産む兼用鶏種といわれる「横斑《おうはん》プリマスロック」や「ロードアイランドレッド」である。

18世紀のヨーロッパでは年間１１０個程度だった産卵能力は、アメリカで改良されて倍ほどになった。今でも産卵能力の改良は進んでおり、年間３００個が一般的である。

このように20世紀中頃までの改良は、世界的にも卵をとることが主な目的で、肉はあくまでもその副産物であった。

しかし、ここで肉用に改良されたブロイラーが登場する。ブロイラーは第二次世界大戦中から戦後にかけての１９４０〜50年代、戦時中の食肉不足を解決するため、特にアメリカで改良が進められた鶏で、発育が早く70〜80日齢で出荷でき、体が強い。これが世界中に普及して、今では全世界で年間５００億羽が生産されている。

ブロイラーという言葉そのものは、肉用の若鶏を意味する言葉として、19世紀の末頃からアメリカで用いられていた。ブロイラーの生産は１９２０年代にアメリカ東部のデラウェア州やニューイングランド地方で始まり、１９４０年代にジョージア州やアーカンソー州で大量生産システムが成功した。

これは生産者に所得を保証する契約をし、ブロイラー用のひなの生産、配合飼料の製造、ブロイラーの処理加工から製品流通までを統合的に経営することができるようにしたものだ。肉質もさることながらこのシステムが重要である。このシステムによって育てられた鶏がブロイラーといわれ、全世界に広まって発展を遂げた。先述のように、日本でも１９６０年前後からこの生産方式が本格化した。

現在、世界中で生産されているブロイラーの大部分は、１９４０年代からアメリカで改良されたブロイラー専用鶏種で、イギリスでつくられた「コーニッシュ」を改良した鶏種のオスと、アメリカでつくられた「プリマスロック」を改良した鶏種のメスを交配してできた交雑種だ。

ブロイラーはさらに品種改良が進み、その結果、あまりにも成育が早くなり過ぎて40～50日で出荷できるようになった。安く大量に供給できるのはいいが、まだ若いので肉がやわらかすぎるとか、味が淡白という指摘も出てきた。鶏が鶏らしくなるのは１２０日以上といわれているので、それもやむを得まい。

でも高温・短時間で焼くやきとりには、この「やわらかくてジューシー」は魅力のひとつでもある。

時代によって変わっていった鶏肉の流通

江戸時代の末期、地鶏を使った卵をとるための養鶏があった。武士が副業的にこれを行い、「サムライ養鶏」と呼ばれた。卵を産み終わった廃鶏を、今度は鳥買人が集め、当時、日本橋にあった野鳥を扱う鳥問屋や各小売商に納めた。

明治になると鶏卵の需要が増え、職を失った武士のなかで養鶏を行うものが増えた。それを見た周囲の農家も副業的に養鶏を始めた。養鶏といっても、その頃はケージに入れて飼うのではなく、放し飼いの状態だ。農家たちの放し飼いは戦後まで続いた。

当時の鶏肉の流通の一例をあげよう。

まず茨城や埼玉の農家の庭先へ、自転車に竹かごを積んで鳥買人が出向く。丸一日かけて農家をまわって生きた鶏を集め、夕方に荷主に渡す。翌朝、東京へ向けて大八車で運ばれ、夕方に東京の食鳥問屋に着く。遠方の産地の場合は、竹かごに入れられて、生きたまま電車で運ばれた。そのまま、最寄駅から自転車に積まれて食鳥問屋に届けられる。

食鳥問屋から小売店にも、基本的には生きたまま運ばれる。一部の問屋は自分たちで絞めて肉にし、それを小売店がリュックサックに入れて持ち帰った。

鶏肉は鮮度が命という意識が強いので、冷蔵庫などがないこの時代「生きた鶏のまま」の流通が意味を持ったのだ。

鶏はずっと高級品だったので、農村地帯では客を迎えてから裏で鶏を絞め、ご馳走として出していた。これは最近までごくふつうの光景だったと思う。東京でも戦後まで、鳥肉屋の前で絞めていた。新橋「加賀屋」や築地「宮川食鳥鶏卵」もその場で絞めていたという。

こうした、のどかともいえる光景も、ブロイラー生産の導入によって変わった。

ブロイラーの生産の増加によって、衛生面から、生きた鶏を輸送したり店先で絞めて解体したりすることに批判がおきるようになった。それとともに、アメリカから自動湯漬機、脱羽機が導入され、多くの鶏を処理できるようになり、現地で肉に加工して小売店に配送するという今のようなスタイルになった。保冷車ができたことで、遠隔地からでもブロイラーの鮮度を保ったまま運ぶことが可能になり、鶏肉の流通は全国規模となる。

地鶏や銘柄鶏についても、処理の仕方がブロイラーと異なるところは多々あるが、基本的には同様の流れで流通している。

そして今やネットの時代である。やきとり屋のなかには、卸業者を通さず、ダイレクトに農家とやりとりをして鶏肉を仕入れているところもある。鶏肉を選ぶにも、自分の個性に合ったものを選べるようになったわけだ。

若鶏には若鶏の、親鶏には親鶏の味わい

「ひよっこのくせにでしゃばるな」

まだ一人前でない、未熟で幼稚な者に対して使われる言葉だ。ひよっこ、つまり、ひよこである。ひよこと呼ばれるのは卵から生まれて28日目くらいまで。以降、50日目までが若鶏になり、このあたりの日齢の鶏が流通する。

「若鶏」に対して「親鶏」という名目がある。その名のとおりブロイラーの親鶏のことで、日齢150日以上のメス鶏の種鶏である。年間500万羽ほど出荷される。ブロイラーの親鶏だから体も大きく、普通の採卵用の廃鶏の倍くらいの大きさがある。さらに、採卵用の廃鶏よりも若くてやわらかく、脂肪が多い。

東京では、メニューに「親鶏」と書いているやきとり屋はほとんどない。おそらく、古い、固いというネガティブなイメージがあるからだろう。しかし、地方ではたまに見かける。

たとえば、やきとりの町で知られる北海道の美唄や室蘭のやきとり屋では、メニューに

堂々と「親鶏」と書いてある。「弾むような歯ごたえがよい」「鶏の味がする」という理由で人気なのだ。

室蘭の人気店「一平」では、メニューのやきとりの欄に、わざわざ「親鶏精肉」「若鶏精肉」と分けて書いてある。珍しいから親鶏を頼むと「すみません、最近、手に入りにくくなっちゃって、早く売り切れちゃうんです」と言われた。

京都の「鶏匠舞　佐平」は鶏料理屋だが、仕入れ日である毎週火曜日にこの親鶏が登場する。2年半ほど生きたものだという。

京都では「ひねどり」と呼ばれるこの鶏を、主人は内臓を抜いた丸一羽で仕入れ、カウンターの向こうの厨房で、注文が入ったらさばいて食べさせてくれる。長く実家で鶏をさばく仕事をしていたので、包丁使いはあざやかだ。特に刺身は印象的で、心地よい噛みごたえとともに、若鶏とはまた違う「味」が感じられる。「佐平」のメニューにはやきとりもあるが、串にさしていない。「ひねの手羽焼き」「おたふく焼き」など、噛みごたえはあるが固くなく、鶏肉の味がしっかりしている。

宮崎で有名なもも焼きも、ブロイラーの親鶏を使った「親鶏のもも焼き」をうたっているところが多い。

ブロイラーブームの反動

１９６０年前後から日本でもブロイラー生産が始まり、それから30年間はブロイラー全盛時代であった。ブロイラーを使った安くておいしいやきとり屋もたくさんできた。

しかし１９９０年代になると、ブロイラーに関するマイナス情報が広まり、昔ながらの鶏に注目が集まるようになった。いっぽうで企業側も、安価な外国産のブロイラーが輸入されて販売競争が激化し、新たな鶏肉の差別化を模索していた。

消費者、生産者双方の思惑が一致し、注目を浴びるようになったのが、地鶏だ。

昔からレストランのメニューには、〇〇豚や、××産牛といった表記はよくあったが、ここ10年くらいで、やきとり屋にもその波が押し寄せてきた。産地や銘柄を表記する店が増えたのだ。

銀座「バードランド」や北千住「バードコート」の奥久慈しゃも、新宿「こけこっこ」や五反田「たかはし」のぎたろう軍鶏、五反田「よし鳥」の青森シャモロック、神保町「蘭奢待」の比内地鶏など、「うちはこの鶏だけ」とうたう店も少なくない。

実際、こうした鶏は特別感があるし、おいしそうだ。

これらは地鶏といわれるものである。

「大切に育てられ、扱われたものならば、本来の鶏の味」

渋谷「鳥福」の村山茂さんは、地鶏の魅力をこうひと言で語る。

村山さんは、日本にはたくさんの地鶏があり、各生産者の思いが鶏の味につながっていることを伝えたいと、一種類に絞らず、複数の地鶏を置いている。高原比内地鶏、やまがた地鶏、媛っこ地鶏、赤鶏、名古屋コーチンなど地鶏だけを扱い、食べ比べもさせてくれる。

地鶏の「地」はいろいろな意味に解釈ができるが、地魚や地酒のように地元で生産された、という意味でとらえる人が多いだろう。地鶏でいえば、地方の農家が裏山で放し飼いにして健康的に育てたようなイメージがある。イメージはブランド力につながるが、それが行き過ぎるとブランドがひとり歩きしてしまい、誤解や混乱、手抜きを生む。特に日本人はブランドに弱いので、要注意だ。

「大切に育てられ、扱われたものならば……」という前置きは、実際に地鶏の産地を訪ね歩いている村山さんならではの言葉だ。残念ながら、ブランド力に甘えて手抜きをし、心に響かない、あるいは響かなくなった鶏肉を目の当たりにしているからだろう。産地偽装も記憶に新しい。

では、私たちが知っているようで知らない地鶏について、詳しく見ていこう。

ややこしい地鶏の定義

地鶏が注目され始めた当初は、まさに誤解や混乱が渦を巻いていた。

そこで、1999年に地鶏肉の日本農林規格（JAS規格）が施行され、その後、2010年に最終改訂されて今に至る。細かい規定は農林水産省のホームページを見ていただきたいが、参考までに一部抜粋してみよう。

ただし、これらの規定を満たせば地鶏を名のる資格がある、ということで、特に認定や審査を受ける必要はない。しかし、「特定JASとしての地鶏」とうたう場合は、農林水産大臣の登録を受けた認定機関に申請して認定を得る必要がある。地鶏によって、資料などにわざわざ「特定JASとしての地鶏」と書いてあるのは、そういう意味だ。

・在来種の血を50％ひいている

地鶏は、在来種といわれる、明治時代までに日本に定着した鶏の血を50％以上ひいていなくてはならない。在来種は、現在、38種類に絞られている（次頁の表を参照。①〜㊳は五十音順の整理番号）。

一覧表のように天然記念物だらけだが、それだけ希少ということだ。特に戦時中は人間が生きていくことに必死で、鳥を飼うための飼料も少なくなり、日本固有の品種は大打撃を受けたという。

在来種は、尾長鶏や軍鶏のように、観賞用、闘鶏用として利用されてきた鶏種も多く、食用とするには生産性が低いものもある。そこで、在来種を種馬ならぬ〝種鶏〟とし、肉量の多い品種などのメスとかけ合わせる。そのほか、どういう肉質を求めるか、どの程度の生産性を求めるかによって、かけ合わせの方法はさまざまである。どの生産者も「在来種の血が50％以上」を守りつつ、目的に応じていろいろな交配方法で繁殖させているのだ。

実は38種類の在来種のうち、かけ合わせに使われるものはそう多くない。味や珍しさだけでなく、肉の歩留まりや耐病性なども考慮されるからだ。

やきとりを楽しむためだけなら、38種類のうち、まず以下の5種類を知っておけばいいだろう。

知っておくと、どんな印象の肉なのか、ひとつのヒントにはなる。

在来種一覧（全38種類）

① 会津地鶏	㉑ 佐渡髭《ひげ》地鶏
② 伊勢地鶏 天然記念物	㉒ 地頭鶏《じとっこ》 天然記念物
③ 岩手地鶏 天然記念物	㉓ 芝鶏 天然記念物
④ インギー鶏	㉔ 軍鶏《しゃも》 天然記念物
⑤ 烏骨鶏《うこっけい》 天然記念物	㉕ 小国鶏《しょうこく》 天然記念物
⑥ 鶉矮鶏《うずらちゃぼ》 天然記念物	㉖ 矮鶏《ちゃぼ》 天然記念物
⑦ ウタイチャーン	㉗ 東天紅鶏 天然記念物
⑧ エーコク	㉘ 蜀鶏《とうまる》 天然記念物
⑨ 横斑《おうはん》プリマスロック	㉙ 土佐九斤《くきん》
⑩ 沖縄髭《ひげ》地鶏	㉚ 土佐地鶏 天然記念物
⑪ 尾長鶏 特別天然記念物	㉛ 対馬地鶏
⑫ 河内奴鶏《かわちゃっこけい》 天然記念物	㉜ 名古屋種
⑬ 鴈《がん》鶏	㉝ 比内鶏 天然記念物
⑭ 岐阜地鶏 天然記念物	㉞ 三河種
⑮ 熊本種	㉟ 蓑曳矮鶏《みのひきちゃぼ》 天然記念物
⑯ 久連子《くれこ》鶏	㊱ 蓑曳鶏 天然記念物
⑰ 黒柏《くろかしわ》鶏 天然記念物	㊲ 宮地鶏
⑱ コーチン	㊳ ロードアイランドレッド
⑲ 声良《こえよし》鶏 天然記念物	
⑳ 薩摩鶏 天然記念物	

【比内鶏】

秋田県の比内地方（現在の大館市）で生まれた。在来の地鶏と軍鶏との交雑により、江戸時代につくられた。秋田の郷土料理、きりたんぽに使われる。脂肪の味がよく、肉は滋味深く、体は小さめだ。


【名古屋種】

その名のとおり愛知県産で、名古屋コーチンの名のほうがよく知られている。明治初期に在来の地鶏とコーチンの交雑によって生まれた。明治維新の際、禄を失った武士のなかには養鶏を始める者も少なくなかった。特に尾張藩士は積極的に養鶏を進め、その結果、海部壮平・正秀兄弟によって名古屋種が生まれた。脂に甘味があり、肉質は締まってジューシー。


【軍鶏】

タイ原産で、江戸時代初期に渡来したといわれる。当時のタイの呼び名であるシャムからしゃもと呼んだ。闘争性があるので、闘鶏用として飼われていた。肉質は締まっていて、固いが濃厚な味。

【ロードアイランドレッド】

19世紀末にアメリカ東部のロードアイランド州でつくられた卵肉兼用種。明治時代に日本に定着した。飼いやすく、メスは赤玉の卵を産む。世界中で飼われている赤玉鶏のほとんどはこの鶏種が起源。

【横斑プリマスロック】

19世紀末にアメリカ北東部のニューイングランド地方でつくられた卵肉兼用種。明治時代に日本に定着した。卵をよく産み、肉量も多く肉質もよい。

・80日間以上飼育する

ブロイラーとの肉質の差がもっとも出る条件が、飼育日数だろう。ブロイラーの魅力はやわらかくジューシーなことだ。50日間程度の肥育で、2・8kg程度での出荷が一般的である。

いっぽう地鶏は80日間以上の飼育がマストだ。とはいえ、80日間で出荷するところは少なく、噛みごたえのあるしっかりした肉を作るために、1・5倍の120～150日齢で出荷する例が多い。

・28日齢以降は平飼いで、1㎡あたり10羽以下で飼育

平飼いとは、鶏が床面または地面を自由に運動できるようにした飼育方法だ。窓を開放して金網を張った鶏舎で育てる場合もあれば、日中は屋外で運動させるという放し飼いもある。

自然に近い状態で走り回らせ、元気で健康に育てるというのは一番の理想だろう。狭いところにぎゅうぎゅうに押し込んで育てると、満員電車の乗客と同じでストレスもたまる。

しかし、2004年から2006年にかけて起きた鳥インフルエンザの大流行は、そんな理想型に水をさした。外からやって来たウイルスに感染して、大量に処分される鶏の映像は記憶に新しい。屋外に開放して育てると、そうしたリスクが高まる。

以来、生産者は鶏をウイルスから守りながら、平飼いを続ける方法を模索している。

やきとりに使われる地鶏例

【純系名古屋コーチン】

名古屋コーチンとは、㉜名古屋種と同じものである（番号は234頁の一覧表に対応。以下同）。

西麻布「TORI+SALON」は、純系名古屋コーチンのみを扱う店だ。「純系」とあえて書くのは、100%在来種であることをはっきりさせるためである。

「100%だから嘘がない」と、店主の中山一夫さんが語る純系名古屋コーチンの肉質は、よく締まっていながら肉汁をたっぷりと含むというもの。この肉汁を逃さないように、中山さんは、強い炭火で、串を回し続けることなく1回ひっくり返すだけで焼き上げる。

銀座、駒込、六義園の「東京やきとり亭」も純系名古屋コーチンのみを扱っている。

【比内地鶏】

比内地鶏は、㉝比内鶏♂と㊳ロードアイランドレッド♀をかけ合わせたものである。比内鶏の特徴と同様、引き締まった肉質、そして深い味わいをうたっている。

神保町「蘭奢待」ほか、比内地鶏はやきとり屋に人気が高い。

ところで、比内地鶏に関しては、少々、複雑なことが起こっている。

先ほど「特定ＪＡＳとしての地鶏」とうたう場合は、農林水産大臣の登録を受けた認定機関に申請して認定を得る必要があると書いた。そのためには、血統、飼育日数、飼育方法の3つをクリアしなければならない。ところが、長らく比内地鶏を守り、ひなを育ててきた歴史を持つ農家である「秋田高原フード」が、認定をとれなくなってしまった。その理由は、鳥インフルエンザでの殺処分の危険性を感じ、比内地鶏の伝統と肉質を守るためにあえてケージ飼いをしたからだ。よって、秋田高原フードが育てている比内地鶏は、「特定ＪＡＳとしての地鶏」ではなく、「高原比内地鶏」を名のっている。

ケージ飼いではあるが、鶏の成長に合わせて広さを調整し、ストレスがないように育てている。逆に、ケージ飼いによって、鶏のコンディションを把握しやすいというメリットもあるようだ。

高原比内地鶏は、渋谷「鳥福」で味わえる。


【青森シャモロック】

ポップなネーミングに聞こえるが、「ロック」とは、⑨横斑プリマスロック♀のことをさす。これと㉔軍鶏♂をかけ合わせたものだ。

東京都内で一番初めに青森シャモロックをやきとりに使用したのは、五反田「よし鳥」の吉本憲司さんだろう。２００６（平成18）年に独立するときに、鶏問屋からたくさんの鶏を取り寄せてやきとりの試作をしたそうだ。そのとき出合ったのが青森シャモロックだったという。肉質は締まっているのに冷めても固くならず、滋味深いものがあったそうだ。

軍鶏ゆずりの歯ごたえある肉質とうま味が特徴的だ。

【大和肉鶏】

㉜名古屋種♂にニューハンプシャー♀という品種をかけ合わせ、そこにさらに㉔軍鶏♂をかけ合わせた奈良の地鶏。赤味を帯びた締まった肉質にはうま味があり、脂肪分もほどよく、肉汁が豊富だと評価は高い。

大阪「ＹＡＭＡＴＯ」は、この大和肉鶏を使っている。食鳥処理衛生管理者の資格を持つ店主の川口伸さんは、内臓付きの大和肉鶏を仕入れて店でさばく。１４０日間飼育されたこの鶏肉に、さらに熟成をかけている。

【丹波地どり】

㊳ロードアイランドレッド同士をかけ合わせた♂と、㊳ロードアイランドレッドとロードサセックスをかけ合わせた♀とを交配させたもの。ワクチン以外は無農薬で健康的に育てる。大阪「あやむ屋」は創業当時からこの地鶏を使用。うま味が強く、関西人が好むほどよい弾力が魅力だという。

【奥久慈しゃも】

㉜名古屋種♂と㊳ロードアイランドレッド♀をかけ合わせてできた交雑種♀に、㉔軍鶏♂をかけ合わせたもの。気性は荒く神経質だが、その分、野性的な締まった肉質とうま味は魅力的だ。

「奥久慈しゃも」といえば「バードランド」。やきとりにおける地鶏ブームの一端を担った。

【媛っこ地鶏】

㊳ロードアイランドレッド♂と㉜名古屋種♀をかけ合わせた交雑種♀に㉔軍鶏♂をかけ合わせ、その交雑種♀にホワイトプリマスロック♂をかけ合わせた愛媛県の鶏。

渋谷「鳥福」などで味わえる。

さらにややこしい「銘柄鶏」の定義

地鶏と定義されているものは100種類以上あるが、いずれもブロイラーより値段が高い。在来種の血を50%以上ひいたひなを仕入れなくてはならないし、飼育期間が長いのでえさ代はもちろんのこと、光熱費、人件費もかかる。広い土地も必要だし、抗生物質を与えたくないと考える生産者は、鶏が快適に過ごせるように手間暇をかける必要がある。

だから販売価格が高いのはやむを得ないが、それでも高い印象だ。

卸価格は、ブロイラー（もも肉）はキロ600円台だが、地鶏（もも肉）はキロ2000円台～3000円台となる。

これはちょっと高すぎる。でも、よそさまとは違う鶏は欲しい。そのリクエストに応えるべく生まれたのが、地鶏と同時期に注目された「銘柄鶏」といわれるものだ。

これはJASではなく、「一般社団法人日本食鳥協会」の規格で定められている。その規定よれば、銘柄鶏とは「両親が地鶏に比べて増体にすぐれた肉用品種であり、通常と異なる飼育方法で育てられていること」とある。「増体にすぐれた肉用品種」とは、ブロイラーのことである。

血統に関する定義はないので、「シャモ〇〇」という名前がついていても、おかあさんのおかあさんの、そのまたおかあさんが軍鶏で、それにブロイラーかけ合わせた鶏ということもある。また、白色の羽根の鶏よりも、赤色の羽根の鶏が選ばれることが多い。白色の鶏はブロイラーを彷彿とさせ、赤色の鶏のほうがおいしそうに見えるという判断が働いているのだろう。

飼育方法については、なんらかの工夫が見られればよいわけで、よくあるのは、ハーブや海藻、梅を混ぜ込んだ飼料や、地元の山を流れるきれいな水など、飼育過程に地元の特産物を加えて、町おこしに銘柄鶏が使われるケースだ。

そして、どの銘柄鶏にも共通しているのは自然志向、安全志向、健康志向。それは、銘柄鶏の飼料によく見られる工夫からわかる。

地養素、Ｎｏｎ‐ＧＭＯ（非遺伝子組み換え）飼料、抗菌剤、抗生物質不使用、ガーリック、雑穀、ビタミンＥ、植物性たん白飼料、樹液、木酢、ハーブ、海藻、酵母、納豆菌、ヨモギ、トレハロース、乳酸菌、茶葉、ＥＭ菌、オリゴ糖、カテキン、各種植物油、各種

の種子など（「畜産の研究　第66巻第9号」より）

銘柄鶏を管理している日本食鳥協会のホームページによると、2014年7月現在、185種類が存在する。このなかでやきとり屋でよく見かける銘柄鶏は、大山どり、東京しゃも、健味どり、南部どり、伊達鶏あたりだろうか。見かける頻度が高いということで列記しただけで、いいとか悪いとかは関係ない。問屋さんから仕入れるケースが多いので、必然的に問屋さんから紹介された銘柄鶏、つまり安定した生産量の銘柄鶏を見かける機会が多くなる。

先ほど少しふれたが、地鶏にしろ銘柄鶏にしろ、それぞれ基準を満たせば、地鶏、銘柄鶏と名のることができる。

さらに深く知りたければ、鶏肉生産会社などでつくる先の日本食鳥協会（東京・千代田区）がまとめているホームページ「全国地鶏銘柄鶏ガイド」が参考になる。全国すべての地鶏・銘柄鶏を網羅しているものではないが、県別に、各品種の特徴や出荷までの日数、飼育方法などを解説している。

実は、こうしたところに認定されなくても質のよい鶏を育てて、安定して供給している生産者はごまんといる。認定を受けても評価が低い鶏もあるし、認定を受けなくても評価が高い鶏もある。

「地鶏とか銘柄鶏とか、認定にこだわらなくても、生産者は自分がいいと思うように育てればいいし、消費者はおいしいと思えば買えばいいし、それだけのことです」

鶏研究の権威である駒井亨さんの言葉が印象的だ。

おわりに

「どうしてやきとり屋をテーマに？」

多くの人たちに聞かれた。

フランス料理やイタリア料理、日本料理といった、いわゆるハレの料理を20年以上取材してきたのに突然どうしたの？　と単純に思われたようだが、なかには、なぜそんな大衆的なものを……といった含みを持たせる人もいた。

改めて思った。どうしてやきとりだったのだろう。実はあまり深く考えていなかった。食記者としての本能が働いたとでもいおうか。いや、これでは答えにならない。あえていうなら、図太い取材をしたいと思ったからだ。

今、フェイスブックやブログ、ツイッターといったＳＮＳツールが盛んで、たくさんの人たちが自分たちの目線で食情報を発信している。グルメ情報サイトもにぎやかで、何がうまくて何がまずいかなんてこともご丁寧に教えてくれる。もちろん、私はガイドとしてそうした情報を見て楽しんでいるが、グルメ情報が氾濫している今だからこそ、食に関する記者を名のっているなら、グルメといった視点だけではない何かを深く取材したいとは漠然と思っていた。レストラン紹介ではなく、レシピ紹介ではなく、その向こう側に見えるものを――。

そんなとき、やきとりがすっと入ってきたのである。これはもう、本当に突然、すっと。

やきとりっていつから食べていたの？　知らない。牛や豚のもつ焼きなのにどうしてやきとりっていうの？　知らない。炭の温度は何度？　知らない。ヤゲンって何？　知らない――知らないことだらけだった。こんなに身近な料理なのに。いや、身近だからこそ気に留めてこなかったのか。

そして、少しずつ調べ始めたのが2年前で、ようやく一冊にまとまった。図太い取材ができたかどうかはさておき、やきとりというものをいろいろな角度からまとめた、初めての本になったとは思う。

ところで、本書にはたくさんのやきとり屋が出てくる。それはあくまでも自分が行ったところ、取材をしたところ、あるいは取材先から名前が出たところである。やきとり屋は星の数ほどあり、全部まわるにはさすがに財布も胃袋も時間も足りなかった。しかし、それでもこの2年間はやきとりをよく食べた。

読者の方のなじみのやきとり屋が掲載されていないこともあるだろう。その点はどうかご了承いただきたい。また、「好き」という視点だけでは店を選んでいないので、私がよく行くのに掲載していないところもある。その主に向けて、心のなかでごめんなさい。

さらに、本文で「やきとり屋」という表記にしたこともご了解いただきたい。料理本の編集者として新人の頃、「○○屋」というと響きがよくないので「○○店」と書かなくてはならないと習った。しかし、文字面を見ても響きを聞いても「やきとり店」はしっくりこない。本書では、私たちの身近にある親しみのある店、という思いを込めて「やきとり屋」とした。

また、やきとり屋の味の核となる、つくねやたれの配合など、レシピに関してはあまり突っ込んで聞いていない。店主にとって努力の賜物だし、店の味を決めるものでもあるからだ。話の流れで聞いたら答えてくれた、あるいは向こうから話してくれた、くらいのレベルである。つくねやたれに限らず、それぞれの店のやきとりについて、もっと詳しい話を聞きたければ、店主との信頼関係を築いたうえで、ご自分で聞いてみてください。やきとり屋の魅力は、店主との距離が近いことなのだから。

あと、これだけの軒数が並ぶと、こう聞かれる予感がする。

「どこのやきとり屋が一番好きでしたか?」

答えます。「言いません」。それぞれの魅力を堪能すればいいし、どんな料理にも順番なんて付けたことがない。これはランク付けが得意な方に任せよう。

＊

最後になりましたが、本書においてはたくさんの方々にお世話になりました。お礼を申し上げます。

まず、取材に伺った多くの鳥肉店、やきとり屋店主の方々、ありがとうございました。仕込みの合間に時間をつくってくださり、話をしてくれました。貴重な資料もたくさん見せていただけました。文芸評論家の重金敦之先生には、貴重な資料とご教示をいただきました。肉用鶏研究の第一人者、駒井亨先生には、鶏の歴史から生体、流通、分類など詳しく話を伺いました。日本獣医生命科学大学の西村敏英先生には、鶏肉の熟成、うま味についての科学的な話を指導いただきました。東京ガス「食」情報センターの方々には、温度測定の機器のご協力など調理科学の面でお世話になりました。光文社新書編集部の三宅貴久さんは、膨大な資料に埋もれて呆然としていた私を何度か救い出し、文章完成まで導いてくださいました。
そのほか、たくさんの友人たちがやきとり屋に客として同行してくれました。やはり実際に味わい、感じたことが原稿の核になりました。感謝します。どこのやきとりも、個性があっておいしかったね。

土田美登世

2014年11月

主な参考文献（順不同）

小穴彪『日本鶏の歴史』日本鶏研究会（1951年）
王輯五・今井啓一『日支交通史』立命館出版部（1941年）
蓮田善明『現代語訳 古事記』岩波現代文庫（2013年）
宇治谷孟『日本書紀（上）全現代語訳』講談社学術文庫（1988年）
沖森卓也、佐藤信、矢嶋泉『播磨国風土記』山川出版社（2005年）
原田信男『歴史のなかの米と肉』平凡社（2005年）
亀井千歩子『小松菜と江戸のお鷹狩り』彩流社（2008年）
松下幸子『図説　江戸料理事典』柏書房（2009年改訂）
奥村彪生『万宝料理秘密箱』教育社（1989年）
吉井始子『江戸時代料理本集成』臨川書店（1978年）
財団法人伊藤記念財団『日本食肉文化史』伊藤記念財団（1991年）
樋口清之『新版　日本食物史』柴田書店（1987年改訂）
藤井建夫『伝統食品の知恵』柴田書店（1993年）
多田鉄之助『食通の日本史』新人物往来社刊（1978年）
原田信男編『江戸の料理と食生活』小学館（2004年）
大久保洋子『江戸の食空間』講談社学術文庫（2012年）
興津要『江戸食べもの誌』河出文庫（2012年）
山田順子『江戸グルメ誕生』講談社（2010年）
土井中照『やきとり王国』アトラス出版（2013年）
川村徳太郎『新橋を語る』新橋芸妓屋組合（1931年）
松原岩五郎『最暗黒の東京』岩波文庫（1988年）

安藤直方・多田錠太郎『實業の栞』文祿堂書店（１９０４年）
角田猛『東京の味』白光書林（１９５６年）
角田猛『いかもの・奇味珍味』ダヴィット社（１９５７年）
篠田鉱造『幕末百話』岩波文庫（１９９６年）
草野心平『仮想招宴』ＫＫロングセラーズ（１９７７年）
根本忠雄『年商十五億のやきとり商法　鮒忠立志伝』柴田書店（１９６５年）
『鳥肉　ビジュアル調理百科』ミート・ジャーナル社（１９９９年）
白木正光編『大東京うまいもの食べある記』丸ノ内出版社（１９３３年）
週刊朝日編集部編『カラー版　この店　この味』二見書房（１９７５年）
東山とし子『ぶつよ！』講談社（２０１２年）
橋本健二／初田香成編『盛り場はヤミ市から生まれた』青弓社（２０１３年）
はんつ遠藤『全国ご当地やきとり紀行』幹書房（２０１３年）
伊勢廣／うずら屋／蒼天／鳥茂／銀座　鳥繁／鳥福／TORISALON／バードランド／原宿鳥久／萬鳥／YAKITORI
燃『やきとり　11店の技術と串バリエーション』柴田書店（２００８年）
小林一郎『「ガード下」の誕生』祥伝社新書（２０１２年）
金子正巳『やきとり屋行進曲　西新宿物語』ことば社（１９８３年）
松崎天民『銀座』中公文庫（１９９２年）
三宅艶子『ハイカラ食いしんぼう記』中公文庫（１９８４年）
上村敏彦『東京花街・粋な街』街と暮らし社（２００８年）
古瀬充宏編集『ニワトリの科学』朝倉書店（２０１４年）
中野日出男『銀座ガイド』銀座タイムス社（１９５３年）
宮崎昭『食卓を変えた肉食』日本経済評論社（１９８７年）

主な参考文献

マイク・モラスキー『日本の居酒屋文化　赤提灯の魅力を探る』光文社新書（2014年）
猪股善人・江崎新太郎・谷昇・出口喜和『鶏料理　部位別の基本と和洋中のレシピ』柴田書店（2005年）
沖谷明紘編『肉の科学』朝倉書店（1996年）
佐藤秀美『おいしさをつくる「熱」の科学』柴田書店（2007年）
渋川祥子『加熱上手はお料理上手』建帛社（2009年）
佐藤和歌子『悶々ホルモン』新潮社（2008年）
文藝春秋編『東京いい店うまい店　2013-2014』文藝春秋（2012年）
池田弥三郎『食前食後』旺文社文庫（1982年）
戸板康二『食卓の微笑』日本経済新聞社（1989年）
草野心平『口福無限』講談社文芸文庫（2009年）
花柳章太郎『食べもの随筆』河出書房（1956年）
出井宏和『食は三代　東西食文化考』新潮文庫（1985年）
駒井亨『鳥市百年史』鳥市（1979年）
駒井亨『肉用鶏の歴史』養賢堂（2010年）
文藝春秋編『東京B級グルメ』文藝春秋（1986年）
『ミシュランガイド東京・横浜・湘南2014』日本ミシュランタイヤ
『ミシュランガイド関西2015』日本ミシュランタイヤ
西村敏英「地鶏のおいしさと熟成」「調理食品と技術」2006年12号
西村敏英、都筑政起、田辺創一「地鶏の長期熟成に伴う肉質の変化と最適熟成条件の確立」「畜産の情報」2003年12月号
駒井亨「銘柄鶏と地鶏の変遷」「畜産の研究　第66巻　第9号」2012年
「鶏肉のすべて」増補改訂1990年版、日本食鳥協会

「料理王国」２００６年5月号、料理王国社
「あまから手帖」２０１０年10月号
「やきとり本」２０１１年、枻出版社
「厳選！　旨い焼鳥　焼とん１３０店」２００９年、徳間書店
「銀座百点」２０１３年、銀座百点会
「やきとり串かつ串料理」１９９６年、旭屋書店ＭＯＯＫ
「dancyu」１９９１年9月号、プレジデント社
「dancyu」１９９９年8月号、プレジデント社
「dancyu」２００６年9月号、プレジデント社
「食楽」２０１１年1月号、徳間書店
「鶏肉の実力」２０１１年、日本食肉消費総合センター
「Ｈａｎａｋｏ」２００６年4月27日号、マガジンハウス
「広報むろらん」２０００年11月号、室蘭市総務部市民対話課
全国地鶏銘柄鶏ガイド　http://www.j-chicken.jp/anshin/about.html
全国やきとり連絡協議会　http://zenyaren.jp/
東紅食品　http://www.yakitori.co.jp/knowledge/index.html
日向國　天岩戸神社　http://www.amanoiwato-jinja.jp/
日本庖丁道清和四條流　http://www.shijyoryu.com/
鮒忠　http://www.funachu.co.jp/about.html
宝来家　http://horaiya.com/

㉑あずき(小豆)
脾臓。形が小豆そのもの。食感は柔らかく意外にくせがない。別名「めぎも」。

㉒はらみ
腹壁の筋肉。1羽からとれるのは2つだが、4gしかとれず希少。やわらかい食感と豊富な肉汁が特徴。人気が高い。別名「さがり」「えんがわ」。

㉓ぼんじり
尻まわりの三角形の肉。弾むような食感を持ちつつ脂が多くてジューシー。別名「ぼんぼち」「さんかく」「ごんぼ」「テール」。
＊みさき
メスのぼんじり。

㉔あぶらつぼ
ぼんじりの上部に付いている脂肪質の部分。

㉕ペタ
ぼんじりと背中をつないでいる皮の厚い部分。脂がのったジューシーな味わい。

⑫おたふく
胸腺。鶏の成長や免疫を司る希少部位。ふわっとした脂と歯ごたえのある身が同時に楽しめる。

⑬はつ／まるはつ
心臓。英語のheartからハツ。切り開いて焼かれることが多いが、丸ハツというとあえて心臓の円錐形を保ったまま焼くスタイル。“丸”と書かずに単にハツと表記されていても、丸のまま焼いている店もある。

⑭はつもと
心臓の上部にある鶏の大動脈。弾むような弾力が特徴。

⑮レバー
肝臓。鮮度が問われる部位で、フレッシュなものには独特のクセがない。焼き手によって個性がはっきり出る部位で、鮮度に自信がある店では中をレアに焼き上げることが多い。別名「きも」「ちぎも」。
＊しろレバー
肝臓に脂肪がたまり、フォワグラのように肥大化したもの。暑くて運動をしなくなる夏に多く見られる。

⑯こころのこり
心臓とレバーがつながった部分。コリッとした歯ごたえ。別名「かん」「あかひも」。

⑰すなぎも（砂肝）
鶏の胃は腺胃と砂嚢に分かれているが、その砂嚢と呼ばれる部分。えさを食べたときに飲み込んだ砂とともにえさを攪拌する筋肉質の部位なので、しっかりとした食感が特徴。別名「すなずり」「ずり」。
＊ぎんがわ（銀皮）
砂肝に付いている皮やスジのコリコリしたところ。

⑱べら
十二指腸。めったに食べられない部位のひとつ。

⑲せぎも（背肝）
腎臓。レバーに似た味わいで濃厚。

⑳ちょうちん
産まれる前のまだ殻のできていない状態の卵黄が付いたこぶくろ。卵黄と肉とを一緒にほおばる。「口のなかでつぶしてください」と、よく促される。別名「こぶくろ」「ホルモン」「はらこ」「たまひも」。

ン質が多い。骨付きで開き、パリッと焼き上げた皮の部分とジューシーな肉の部分を骨ごと食べるスタイルをよく見かける。

⑤てばもと(手羽元)
羽の付け根の肉の部分。骨付きから揚げでよく登場する部位だが、やきとりでは骨付きのまま開いて焼くことも。手羽先に比べると脂肪分は少なめ。

⑥むね肉(胸肉)
胸の肉で脂肪分が少なくあっさりした味わい。やきとりではもも肉と一緒に串にさされ、「正肉」という名で登場することが多い。

⑦ささみ(笹身)
胸肉の内側にある笹の葉に似ている肉。脂肪分が少なく、身はやわらかく淡白。やきとりでは中をレアに焼くのが昨今のブーム。わさびをのせた「さび焼き」はこのささみを使用。

⑧やげん(薬研)
胸の骨のやわらかい部分。槍の先のような形をしていてごく小さい。薬研と呼ばれる薬をすり潰す道具に似ているのでその名がある。「軟骨」として焼くほかつくねに加える店もある。別名「キール」「さんかく」「かっぱ」。

⑨もも肉
足の付け根の大きな肉。運動の激しい部分なので肉質は締まり、適度な脂肪分もあるため味わい豊か。ジューシーに焼き上げるために皮と一緒に焼くことが多い。ねぎを挟んだ「ねぎま」としても登場。別名「かしわ」。
＊しょうにく（正肉）
骨やスジを取り除いた鶏肉。一般的にはむね肉またはもも肉をさすが、もも肉をさすことが多い。

⑩ひざ軟骨
ひざの関節のやわらかい部分。「軟骨」として焼かれるほか、つくねに加えられることも。胸骨の軟骨が「やげん」に対し、もも軟骨は「ぐりぐり」、ひざは「げんこつ」と呼ばれる。

⑪ソリ
ももの付け根の骨のくぼみに付いている丸い肉。骨からはずしにくく、フランス語で「sot-l'y-laisse（ソリレス）」=「おばかさんは残す」といわれる。弾力性と滋味に富んだ通好みの味。

やきとり部位名一覧 ＊地域や店名によって呼び名は異なります。

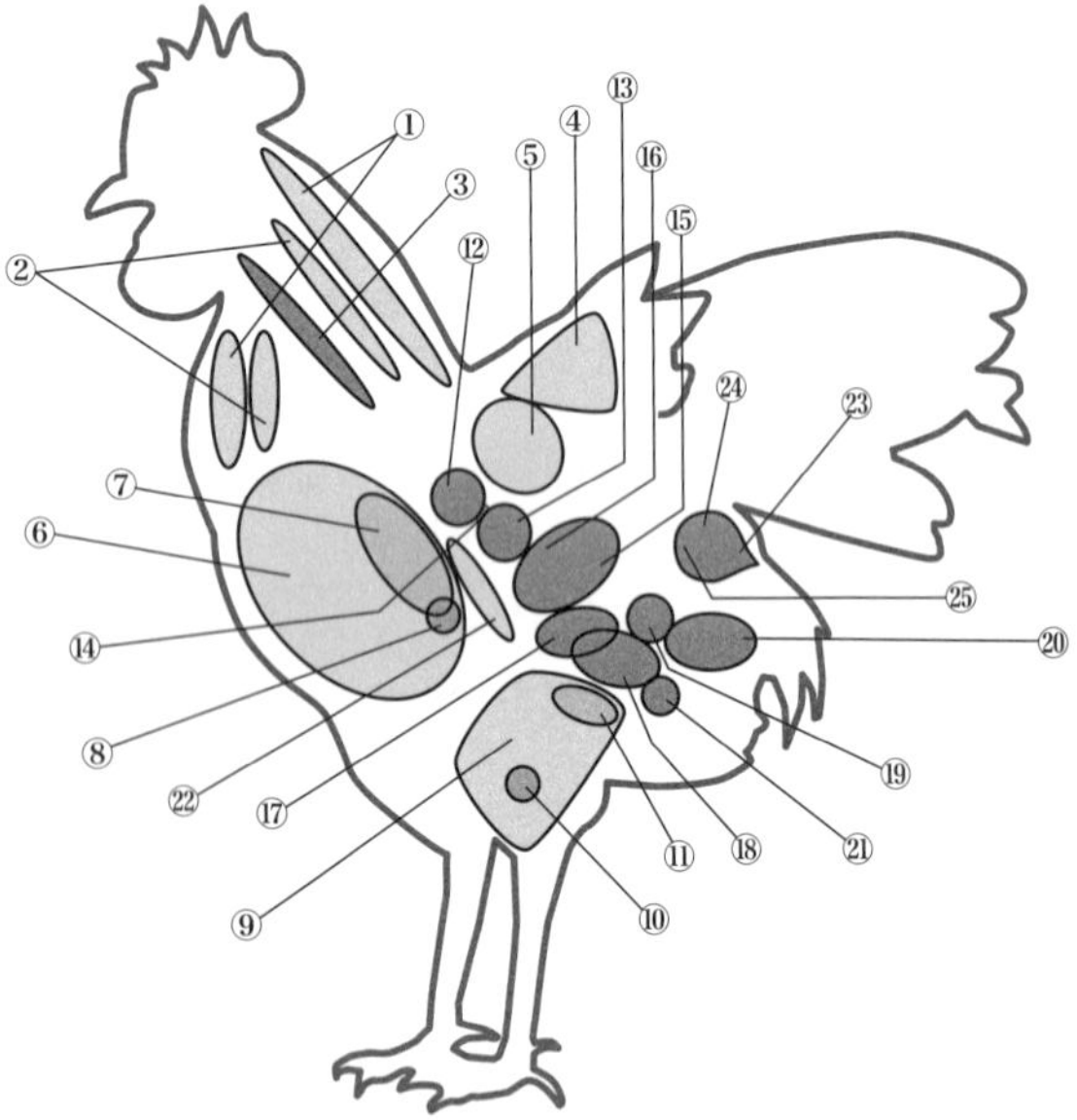

①かわ（皮）
首皮、胸皮、もも皮と部位によって味わいが異なるが、やきとりにはもっとも厚くて歯ごたえのある首皮がよく使われる。

②せせり
首のまわりの肉。よく動くので筋肉質で弾力性があり、味も濃厚。別名「こにく」「み」「ネック」「そろばん」。

＊とっくり
せせりは首の“肉”のところだが、とっくりはその肉に皮や脂も付いている。

③さえずり
気管（食道）。弾力のある食感が特徴。

④てばさき（手羽先）
羽先の肉の部分。脂肪とゼラチ

●な行
中目黒　鳥よし　98, 115, 141, 142, 158〜160, 192, 215
西麻布　TORI+SALON　193, 214, 238
根津　７６vin　135
西荻窪　やきとり戎　144
乃木坂　心香　147
●は行
浜松町　秋田屋　65, 125
東日本橋　江戸政　55, 56, 193
●ま行
丸の内　萬鳥 Marunouchi　115, 149〜151, 185, 189, 206, 207
目黒　笹や　143
目黒　鳥しき　115, 143, 158, 185, 192
●や行
有楽町　小松屋　95, 96
有楽町　登運とん　95, 96
有楽町　ふじ　95, 96
四谷　おがわ　120
●ら行
六本木　鳥長　135, 137〜141, 192, 215

【京都】
祇園四条　鶏匠舞 佐平　229
祇園四条　うずら屋　117

【大阪】
門真　西丸　155
北新地　YAMATO　196, 240
新福島　あやむ屋　122, 155〜158, 186
寺田町　がむしゃら　155
法善寺横丁　二和鳥　154, 155
本町　森田　155

【兵庫】
住吉(神戸)　鶏一途　122
西宮・夙川　鶏天　155

【山口】
長門　ちくぜん　173

【福岡】
久留米　屋台 キング　179, 180
久留米　鉄砲　180
博多　信秀本店　177

【その他】
大阪、東京、愛知など　鳥貴族　126〜131

【国外】
ニューヨーク(米国)　鳥心　143

美唄　福よし　170
室蘭　鳥よし　168
室蘭　一平　168, 229

【山形】
寒河江　さらや　182

【埼玉】
東松山　大松屋　175, 176
東松山　ひびき　163, 174~176

【東京】
●あ行
浅草　鳥輿　106
麻布十番　あべちゃん　65, 66, 125
麻布十番　Shaji　135
麻布十番　鳥善 瀬尾　135
飯田橋　ブロシェット　118
池袋　母家　190, 192, 202
入船　さくら家　67~69, 73, 134, 148, 192, 204
大塚　蒼天　119, 120, 192, 204, 205
●か行
学芸大学　鳥おき　143
勝どき　鳥善　135
北千住　バードコート　122, 147, 230
吉祥寺　いせや総本店　109
京橋　伊勢廣　67, 70~73, 79, 185, 192, 197
銀座　武ちゃん　98~101, 103, 105
銀座など　東京やきとり亭　238
銀座　鳥繁　99, 104~106, 118, 119, 197
銀座　鳥長　154, 155
銀座　鳥政　101~105
銀座　バードランド　122, 143~147, 185, 186, 193, 206, 216, 217, 230, 241
錦糸町　とり喜　122, 141
五反田　たかはし　122, 134, 206, 230
五反田　よし鳥　122, 230, 240
●さ行
三軒茶屋　麻鳥　197, 200
渋谷　鳥竹総本店　87~89
渋谷　とり茶太郎　120
渋谷　鳥福　58, 85, 86, 189, 197, 215, 231, 239, 242
渋谷　森本　89~92, 192
白金　酉玉　147~149, 204, 219
新宿　こけこっこ　194, 230
新宿　鳥茂　82, 151~154
新宿　宝来家　81
新宿　ぼるが　82
新橋　王将　77
新橋　鶏繁　78, 79
新橋　益子　79
新橋　ホップデュベル　147, 208
神保町　蘭奢待　122, 230, 238
巣鴨　お丶鳥　106
●た行
立石　宇ち多　125

鶏繁　新橋（東京）78, 79
鶏匠舞　佐平　祇園四条（京都）229
鳥心　ニューヨーク（米国）143
鳥善　勝どき（東京）135
鳥善　瀬尾　麻布十番（東京）135
鳥竹総本店　渋谷（東京）87~89
酉玉　白金（東京）147~149, 204, 219
とり茶太郎　渋谷（東京）120
鳥長　銀座（東京）154, 155
鳥長　六本木（東京）135, 137~141, 192, 215
鶏天　西宮・夙川（兵庫）155
鳥福　渋谷（東京）58, 85, 86, 189, 197, 215, 231, 239, 242
鳥政　銀座（東京）101~105
酉丸　門真（大阪）155
鳥よし　中目黒（東京）98, 115, 141, 142, 158〜160, 192, 215
鳥よし　室蘭（北海道）168

【な】

7 6 vin　根津（東京）135
二和鳥　法善寺横丁（大阪）154, 155
信秀本店　博多（福岡）177

【は】

バードコート　北千住（東京）122, 147, 230
バードランド　銀座（東京）122, 143〜147, 185, 186, 193, 206, 216, 217, 230, 241
萬鳥 Marunouchi　丸の内（東京）115, 149~151, 185, 189, 206, 207
ひびき　東松山（埼玉）163, 174~176
福よし　美唄（北海道）170
ふじ　有楽町（東京）95, 96
ブロシェット　飯田橋（東京）118
宝来家　新宿（東京）81
ホップデュベル　新橋（東京）147, 208
ぼるが　新宿（東京）82

【ま】

益子　新橋（東京）79
森田　本町（大阪）155
森本　渋谷（東京）89~92, 192

【や】

やきとり戎　西荻窪（東京）144
屋台 キング　久留米（福岡）179, 180
YAMATO　北新地（大阪）196, 240
よし鳥　五反田（東京）122, 230, 240
蘭奢待　神保町（東京）122, 230, 238

エリア別五十音順

【北海道】

美唄　たつみ　171

本書に掲載のやきとり屋(もつ焼き屋も含む)

※店名の前に付く「焼鳥」「焼とりや」などの言葉は省略しています。

【あ】

秋田屋　浜松町(東京)65, 125

あべちゃん　麻布十番(東京)65, 66, 125

あやむ屋　新福島(大阪)122, 155～158, 186

伊勢廣　京橋(東京)67, 70~73, 79, 185, 192, 197

いせや総本店　吉祥寺(東京)109

一平　室蘭(北海道)168, 229

うずら屋　祇園四条(京都)117

宇ち多゛　立石(東京)125

江戸政　東日本橋(東京)55, 56, 193

王将　新橋(東京)77

お丶鳥　巣鴨(東京)106

おがわ　四谷(東京)120

母家　池袋(東京)190, 192, 202

【か】

がむしゃら　寺田町(大阪)155

こけこっこ　新宿(東京) 194, 230

小松屋　有楽町(東京)95, 96

【さ】

さくら家　入船(東京)67~69, 73, 134, 148, 192, 204

笹や　目黒(東京)143

さらや　寒河江(山形)182

Shaji　麻布十番(東京)135

心香　乃木坂(東京)147

蒼天　大塚(東京)119, 120, 192, 204, 205

【た】

大松屋　東松山(埼玉)175, 176

たかはし　五反田(東京)122, 134, 206, 230

武ちゃん　銀座(東京)98~101, 103, 105

たつみ　美唄(北海道)171

鉄砲　久留米(福岡)180

東京やきとり亭　銀座など(東京)238

ちくぜん　長門(山口)173

登運とん　有楽町(東京)95, 96

床島　三軒茶屋(東京)197, 200

鶏一途　住吉(神戸)122

鳥おき　学芸大学(東京)143

とり喜　錦糸町(東京)122, 141

鳥貴族　大阪、東京、愛知など126~131

鳥輿　浅草(東京)106

TORI+SALON　西麻布(東京)193, 214, 238

鳥しき　目黒(東京)115, 143, 158, 185, 192

鳥繁　銀座(東京)99, 104~106, 118, 119, 197

鳥茂　新宿(東京)82, 151~154

土田美登世（つちだみとせ）
1966年生まれ。広島大学卒、お茶の水女子大学大学院（調理科学）修了。「専門料理」「料理王国」編集部を経てフリーランスの食記者、編集者に。プロの料理人や生産者の取材を中心に、フードサイエンスから居酒屋、三つ星レストランに至るまで幅広いテーマで取材、執筆をする。著書に『こだわりパン屋を開く』（ぺりかん社）、『日本イタリア料理事始め　堀川春子の90年』（小学館）、編書に『モツ・キュイジーヌ　レストランの内臓料理』（柴田書店）、『鮨　すきやばし次郎』（グラフィック社）など。

やきとりと日本人《にほんじん》　屋台《やたい》から星付《ほしつ》きまで

2014年12月15日初版1刷発行

著　者 ── 土田美登世
発行者 ── 駒井　稔
装　幀 ── アラン・チャン
印刷所 ── 堀内印刷
製本所 ── 榎本製本
発行所 ── 株式会社光文社
東京都文京区音羽1-16-6（〒112-8011）
http://www.kobunsha.com/
電　話 ── 編集部03（5395）8289　書籍販売部03（5395）8116
業務部03（5395）8125
メール ── sinsyo@kobunsha.com

　ISBN 978-4-334-03834-2

728
ギャンブル依存国家・日本
パチンコからはじまる精神疾患
帚木蓬生

日本人のギャンブル依存有病率は、なんと4・8%、536万人にのぼる（厚労省発表）。ギャンブル障害の実態と利権構造を徹底追及し、ギャンブル漬けの日本に警鐘を鳴らす！

978-4-334-03831-1

729
守備の力
井端弘和

ドラフト5位の小柄な選手が17年間やってこれた理由とは？守備の極意をはじめ、イメージを覆す打撃論も披露。最強軍団でもレギュラーを目指し、挑戦をやめない名脇役の野球論。

978-4-334-03832-8

730
死体は今日も泣いている
日本の「死因」はウソだらけ
岩瀬博太郎

犯罪見逃しや死因判定ミスが止まらない日本。その一因は旧態依然の死因究明制度にある。解剖、CT検査、DNA鑑定など法医学者の仕事に迫り、知られざる社会問題をあぶり出す。

978-4-334-03833-5

731
やきとりと日本人
屋台から星付きまで
土田美登世

やきとり屋でなぜ豚・牛もつが出てくるのか？　驚きの歴史を知り、屋台から老舗、一つ星まで、北海道から九州まで、多種多様なやきとりを味わう。全国70軒のお店を紹介！

978-4-334-03834-2

732
化学で「透明人間」になれますか？
人類の夢をかなえる最新研究15
佐藤健太郎

新しい物質を創り出せる唯一の分野「化学」の世界では、今どんな研究がどこまで辿り着いているのか…美、長寿、モテから病気の治療、薬、金・ダイヤ、宇宙旅行や環境分野まで紹介。

978-4-334-03835-9